À MESA
· com ·
PROUST

Título original: *Proust, La cuisine retrouvée*

Publicado por Éditions du Chêne-Hachette Livre, 1991.

Texto
Anne Borrel

Prefácio
Alain Senderens

Fotografias
Jean-Bernard Naudin

Tradução
Ana Luiza Borges, Fernando Py e Maria Cecília d'Egmont

Preparo de originais
Regina da Veiga Pereira

Revisão
Ana Grillo, Diogo Henriques e Magda Tebet

Adaptação do projeto gráfico e diagramação
Adriana Moreno

Capa
Victor Burton

Impresso em Cingapura

CRÉDITOS DAS IMAGENS

Bridgeman Giraudon: p. 19
Caisse Nationale des Monuments Historiques et des Sites: pp. 45, 81 (à esquerda), 83, 129
Bernard Fiévet: p. 15
Giraudon: pp. 32, 99 (à esquerda; ADAGP)
Hachette: pp. 45 (à direita), 65 (à esquerda), 94, 101, 125
René Jacques: p. 109
Lauros-Giraudon: p. 85; ADAGP
Louis Monier: p. 133
Musée Marcel Proust: pp. 16, 18, 31, 47, 117 (à esquerda)
Musées Royaux des Beaux-Arts de Belgique: p. 43 (à esquerda)
Réunion des Musées Nationaux: pp. 63, 103, 139, 161
Roger-Viollet: pp. 55, 59, 70
Scala: p. 60
Studio Lourmel: p. 165
Wallraf-Richartz Museum Köln: p. 171

CIP-BRASIL. CATALOGAÇÃO-NA-FONTE
SINDICATO NACIONAL DOS EDITORES DE LIVROS, RJ

N233m

Naudin, Jean-Bernard
À mesa com Proust / Jean-Bernard Naudin, Anne Borrel, Alain Senderens [tradução de Ana Luiza Borges; Fernando Py; Maria Cecília d'Egmont]; Rio de Janeiro: Sextante, 2013.
192 p.; 21x27 cm
ISBN 978-85-7542-928-0

1. Proust, Marcel, 1871-1922. 2. Culinária francesa. 3. Paris (França) – Usos e costumes – Séc. XIX. I. Borrel, Anne. II. Senderens, Alain, 1939-. III. Título.

13-2137. CDD: 641.5944
CDU: 641.568(44)

GMT Editores Ltda.
Rua Voluntários da Pátria, 45 – Gr. 1.404 – Botafogo
22270-000 – Rio de Janeiro – RJ
Tel.: (21) 2538-4100 – Fax: (21) 2286-9244
E-mail: atendimento@esextante.com.br
www.sextante.com.br

À MESA
· com ·
PROUST

Anne Borrel
Jean-Bernard Naudin
Alain Senderens

Design
Nanou Billault

Direção da coleção
Marie-France Boyer

Colaboração
Agnès Carbonell

SEXTANTE
ARTES

Agradecimentos

Gostaria de agradecer àqueles que viram nascer a ideia deste livro e que encorajaram o projeto: M. Maurice Schumann, da Académie française, presidente dos Amigos de Marcel Proust; doutor Michel Haroche, o primeiro a associar a cozinha de Proust à de Heráclito; Mme Claire Joyes e M. Jean-Marie Toulgouat, autores de *À mesa com Monet*, cujos conselhos e simpatia foram preciosos; M. Pierre Marchesseau, que acompanhou, com amizade, a obra em seu começo.

Sou grata também àqueles que contribuíram para a realização deste trabalho com sua assistência e competência: Mme Geneviève Baudon e a Librairie Gourmande; Mme Nanou Billault, cujas pesquisas e descobertas recriaram o cenário do tempo perdido; Mme Gisèle Bohan, que se dedica ao Museu Marcel Proust, em Illiers-Combray; M. Jacques Bontillot, Conservador do Museu da Faiança, em Montereau; M. e Mme Alban Bouniol de Gineste, no castelo de Réveillon; M. Ralph Brauner; M. David Campbell; M. e Mme Jean Frémont, os Aigneaux, em Illiers-Combray; M. Bertrand Guéneron e o restaurante Lucas-Carton; M. Louis Monier; doutor Reiner Speck, presidente da Proust Gesellschaft, em Colônia; e Alain Senderens, que realiza a aliança ideal do conhecimento de Proust com o pensamento criador e a arte poética.

ANNE BORREL

Quero agradecer à equipe que trabalhou na realização destas imagens.

Em primeiro lugar, a Nanou Billault, que contribuiu com seu entusiasmo, conhecimento e consciência profissional. Devo admitir que, sem ela, este livro não teria sido possível.

A Anne-Françoise Pelissier e a Jean-Jacques Aubert, que com sua gentileza, alegria e dinamismo colaboraram com o trabalho, por vezes árduo.

Gostaria também de dizer que estas imagens não têm outra pretensão além de ser uma interpretação completamente subjetiva de um universo – o de Proust – que, embora recente, é particularmente difícil de apreender.

JEAN-BERNARD NAUDIN

Sumário

Prefácio

ALAIN SENDERENS

É uma grande honra para mim que Anne Borrel e a Éditions du Chêne tenham me confiado o trabalho de tentar reconstituir as receitas dos pratos de que Marcel Proust realmente gostava, a ponto de ilustrar sua obra com elas. "Revisitando" com ele sua cozinha, acompanhamos sua criação, que transforma a realidade em sonho.

Muitos autores se referem à visão, à audição, à intuição ou ao entendimento; poucos ousam se aventurar no que diz respeito ao tato, olfato, paladar. É verdade que, muitas vezes, a manifestação desses sentidos é expressa de modo cômico. A culinária, desprezada pela cultura erudita desde o século XVII, que marcava a separação do corpo e da alma, do espírito e da matéria, volta a se incorporar a uma longa tradição na qual os maiores filósofos, de Pitágoras a Rabelais, assim como alguns expoentes da literatura, não recearam integrar o alimento, o paladar e a cozinha às ilustrações de seu discurso poético ou erudito.

Embora a mesa seja o lugar privilegiado do desenvolvimento cultural, a literatura que dela trata está longe de receber a consideração do público. Ainda assim, Marcel Proust nos mostra que o discurso da mesa pode ser uma via, se não real, pelo menos pertinente para a compreensão do inconsciente cultural do Ocidente.

Em sua obra, passamos da religião dos sentidos à do verbo, da esfera sensual, e mesmo sexual, à esfera alimentar. A opção pelo fausto, essa pesquisa, esse gosto pelas palavras bem temperadas, o sabor das frases, a palpitação das paisagens sublimam suas lembranças. Aqui, o paladar deixa de ser tiranizado: ele nos mostra que o alimento carrega em si os enigmas de cada um de nós e os mitos de nosso mundo, tudo que constitui nosso imaginário, como um *livro interior de sinais desconhecidos.* Para decifrar esse inconsciente *oculto na parte mais secreta, sob a cortina* que o dissimula, Marcel Proust recorre à cozinha de Françoise, alfabeto de seu passado.

Mais que uma ordenação harmoniosa de ideias, a obra de Proust constitui um documento de primeira ordem sobre a organização da cozinha, a disposição da refeição, o paladar do fim do século XIX e o do próprio autor.

No começo do século XX, os avanços tecnológicos tais como o gás, a eletricidade, a refrigeração e os novos produtos perturbaram os espíritos de uma maneira sem dúvida mais forte que a última inovação da culinária. O território da alimentação rompe seus vínculos com o campo, a província, os ancestrais e modifica o apetite. É o começo da modernidade alimentar. A cozinha passa das mãos da mulher para as do homem e as do dono de restaurante.

Alberto Capatti observa, em *Goût du nouveau*, coisas que parecem mais importantes do que a visita rotineira aos mercados, onde o velho e o novo se misturam confusamente e a cesta se enche de lembranças. O confronto, nessa época, pode ser resumido da seguinte maneira: a favor ou contra a técnica. Esse é o verdadeiro desafio... Ao mesmo tempo, observa-se, em Hédiard, o surgimento da primeira banana; e as vendedoras a explicar que é preciso descascar a fruta do paraíso antes de comê-la... Com a Exposição Universal nasce o internacionalismo gastronômico, antes reservado às elites. As pessoas se precipitam em direção aos pavilhões com as tabuletas iluminadas a eletricidade ou a gás... e em direção aos autoclaves de onde saem as conservas. A cozinha está morrendo, a cozinha está morta. Os gastrônomos tornaram-se pessimistas, e Proust, em 1912, fala do "*krach* da mesa". Em 1914, sua voz une-se ao coro do "infelizmente"; ele renuncia ao croissant com café com leite, já que não encontra um adequado na padaria. Da mesma forma, o sabor da carne de vaca como preparada pela cozinheira de seus pais desapareceu da cozinha moderna. A gastronomia da época desperta uma certa desconfiança. Ao mesmo tempo em que se recusa o progresso da refrigeração, nos mercados de Paris os veterinários revelam que o embargo por putrefação da carne atinge 40% a 50% do total de confiscos de toda natureza... Durante esse catastrofismo gourmand, Proust escreve em *Contre Sainte-Beuve*: "O que a inteligência chama de passado não é ele. Na realidade, como acontece com as almas dos mortos em certas lendas populares, cada momento de nossa vida, assim que morre, se encarna e se oculta em algum objeto material. Aí fica cativo, cativo para sempre, a menos que encontremos o objeto e ele seja libertado. O objeto em que se esconde, a sensação, já que todo objeto em relação a nós é sensação, pode nunca ser encontrado."

Se para Paul Valéry "o homem [é a] medida de todas as coisas", para Marcel Proust o paladar é sua medida e sua memória.

Eis aqui, caro professor do paladar, as receitas do seu Tempo.

Prólogo

Anne Borrel

O prazer de estar só, cozinhando... Esta nota em um Caderno de Marcel Proust revela um aspecto inesperado da personalidade do grande escritor. Gourmet sofisticado, anfitrião refinado, ele possui um gosto instintivo do que é bom e autêntico. Atento para não deixar de lado nada que possa enriquecer seu universo sensível, degusta os pratos como, desde a infância, devora os livros, e estabelece em sua obra uma equivalência entre o escritor e o cozinheiro: *Eu me deixava levar com deleite pelo gosto que tinha pelas palavras, como um cozinheiro que, quando não está ocupado cozinhando, finalmente acha tempo para ser um gourmand.*

Assim como a sensualidade, a sensibilidade conduz à verdade da arte aquele que escrevia, antes de empreender sua grande obra: *a cada dia, dou menos valor à inteligência.* Um aroma ou um sabor esquecidos são reencontrados pela *verdadeira inteligência, que é a inteligência do coração.*

Há muito tempo Marcel Proust sabe que os pratos mais simples são os mais difíceis de se preparar, e que a lição dada pela cozinha é válida para as outras artes: *o bife com batatas! uma combinação ideal, difícil por sua simplicidade, uma espécie de* Sonata Patética *da cozinha...* Escola exigente de modéstia e verdade, a cozinha é o local das alquimias secretas.

Uma vez que, para Proust, *a vida verdadeira, a vida descoberta e esclarecida, a única vida, portanto, plenamente vivida, é a literatura*, este livro percorre os escritos gourmands seguindo os caminhos e as épocas da vida. Através dos lugares realmente frequentados pelo escritor – Illiers, Réveillon, Cabourg – ou dos cenários sugeridos pelos textos, *À mesa com Proust* torna nossos os momentos, a arte de viver, os gostos e os perfumes que acreditávamos desaparecidos para sempre.

Graças a seu conhecimento da obra de Proust, Alain Senderens pôde ressuscitar, na tradição e em seu gênio, as receitas do passado, que ele torna atuais e perfumadas com o sabor do tempo.

De Auteuil a Illiers, de Illiers a Combray

Os sabores da infância

Da esquerda para a direita:

"Com certeza, o belo rosto de minha mãe ainda esplendia de juventude nessa noite em que me estendia as mãos com tanta doçura, procurando estancar minhas lágrimas..."

Retrato de Mme Proust em 1880, por Mme Beauvais.

"... Mas, quando nada subsiste de um passado antigo (...), o aroma e o sabor permanecem ainda por muito tempo, como almas (...) levando sem se submeter, sobre suas gotículas quase impalpáveis, o imenso edifício das recordações."

Página ao lado:

"Existe, no tempo seguinte a um repasto copioso, uma espécie de tempo em suspensão cheio de doçura, de inteligência e de energia, onde permanecer sem fazer coisa alguma nos concede o sentimento da plenitude da vida..."

Encerrado em um quarto atapetado de cortiça, o escritor escreve febrilmente em seus cadernos. Às vezes, sai no meio da noite para oferecer aos amigos ceias suntuosas, em que apenas toca. De que vive esse recluso voluntário? Do que se alimenta? De palavras; de um banquete escrito, cuja fartura parece nunca se exaurir. Sua vida transborda perfumes, sabores; ele vive na plenitude de sua criação.

Com uma minúcia mágica, o eremita do bulevar Haussmann se recorda; redescobre a exata nuance de uma sebe de espinheiro e, sobretudo, detalha com uma pena glutona os pratos deliciosos do passado. Pois tudo começou ali, de um paladar sutil e anódino que subitamente fez emergir de uma xícara de chá mundos antigos, que pareciam perdidos:

... *Num dia de inverno, chegando eu em casa, minha mãe, vendo-me com frio, propôs que tomasse, contra meus hábitos, um pouco de chá. A princípio recusei e, nem sei bem por que, acabei aceitando. Ela então mandou buscar um desses biscoitos curtos e rechonchudos chamados* madeleines, *que parecem ter sido moldados na valva estriada de uma* coquille *de Saint-Jacques. E logo, maquinalmente, acabrunhado pelo dia tristonho e a perspectiva de um dia seguinte igualmente sombrio, levei à boca uma colherada de chá onde deixara amolecer um pedaço de* madeleine. *Mas no mesmo instante em que esse gole, misturado com os farelos do biscoito, tocou meu paladar, estremeci, atento ao que se passava de extraordinário em mim. Invadira-me um prazer delicioso, isolado, sem a noção de sua causa. Rapidamente se me tornaram indiferentes as vicissitudes da minha vida, inofensivos os seus desastres, ilusória a sua brevidade, da mesma forma como opera o amor, enchendo-me de uma essência preciosa; ou antes, essa essência não estava em mim, ela era eu. Já não me sentia medíocre, contingente, mortal. De onde poderia ter vindo essa alegria poderosa? Sentia que estava ligada ao gosto do chá e do biscoito (...).*

E de súbito a lembrança me apareceu. Aquele gosto era o do pedacinho de madeleine *que minha tia Léonie me dava aos domingos pela manhã em Combray (porque nesse dia eu não saía antes da hora da missa), quando ia lhe dar bom-dia no seu quarto, depois de mergulhá-lo em sua infusão de chá de tília.*

(...) E logo que reconheci o gosto do pedaço da madeleine *mergulhado no chá que me dava minha tia..., logo a velha casa cinzenta que dava para a rua, onde estava o quarto dela, veio como um cenário de teatro se colar ao pequeno pavilhão, que dava para o jardim, construído pela família nos fundos...; e com a casa, a cidade, da manhã à noite e em todos os tempos, a praça para onde me mandavam antes do al-*

"meu irmãozinho... meu tio o levou para ser fotografado... Seu cabelo tinha sido frisado..., seu rosto redondo estava envolto em um capacete de cabelos pretos encaracolados... Eu o olhara com o sorriso de uma criança mais velha para um irmão querido, amado..."
Marcel Proust e seu "irmão em seu traje de domingo e sua roupa de renda", por volta de 1878.

moço, as ruas onde eu ia correr, os caminhos por onde se passeava quando fazia bom tempo. E... todas as flores do nosso jardim e as do parque de M. Swann, e as ninfeias do Vivonne, e a boa gente da aldeia e suas pequenas residências, e a igreja, e toda Combray e suas redondezas, tudo isso que toma forma e solidez saiu, cidade e jardins, de minha xícara de chá. (No caminho de Swann)

Em busca do tempo perdido, escrito por um doente submetido à dieta mais estrita, dissimula, entre outros ensinamentos, um tratado do paladar e um tratado do estilo. Em seu quarto austero, invadido pelo vapor das fumigações, tão semelhantes às da tia Léonie, Marcel Proust saboreia o sortimento inesgotável de sua memória. Ele se deixa levar, deleitado, pelo gosto que tem pelas palavras, material de suas recordações. Sua obra poderia ter o subtítulo: *a cozinha considerada como uma das belas-artes.* A arte de viver que evoca com uma sensualidade nostálgica é a de uma época em que os prazeres da mesa eram os fundamentos da vida familiar e mundana. A existência era pontuada por refeições cujo refinamento e prodigalidade fazem o leitor de hoje sonhar. Essas duas qualidades, aparentemente opostas, são mar-

"Ao lado de sua cama havia uma grande cômoda amarela de limoeiro, e uma mesa que era, a um tempo, um depósito de remédios e um altar-mor, onde, debaixo de uma estatueta da Virgem e de uma garrafa de Vichy-Célestins, podiam se encontrar missais e receitas médicas, tudo o que era necessário para seguir da cama os ofícios divinos e o regime, para que não perdesse a hora da pepsina nem a das vésperas."

"Bathilde! vem ver se evitas que o teu marido beba conhaque!"
Mme Nathée Weil, nascida Adèle Berncastel, avó materna de Marcel Proust.

cas características do estilo de Proust: a profusão de imagens e a precisão extrema do detalhe. A cozinha é uma das chaves que abrem o labirinto sabiamente ordenado de *Em busca do tempo perdido.*

Reviver a própria infância é possível graças a um sentido primitivo negligenciado pela maioria dos adultos: o paladar. Para a criança, o mundo continua a ser o vasto palácio das *Mil e uma noites*, onde tudo é

Fatura da mercearia Proust-Torcheux, da família paterna de Marcel Proust em Illiers.

comestível, mesmo o impalpável, onde até o quarto de tia Léonie se metamorfoseia e se torna apetitoso:

Aquele ar era saturado da fina flor de um silêncio tão nutritivo, tão suculento que eu por ali só andava com uma espécie de gula, principalmente nas primeiras manhãs ainda frias da semana da Páscoa, quando melhor o saboreava pois acabava de chegar em Combray (...); e o fogo, cozinhando como a uma massa os aromas apetitosos de que se achava repleto o ar do quarto e já tinham sido trabalhados e "erguidos" pelo frescor úmido e ensolarado da manhã, folheava-os, dourava-os, enrugava-os, estufava-os, e deles fazia um invisível e palpável bolo provinciano, uma imensa torta em que, mal degustados os odores mais picantes, mais finos, mais respeitados, mas também mais secos do armário embutido, da cômoda, do papel de ramagem, eu sempre voltava, com uma cobiça inconfessa, a me besuntar no cheiro medíocre, pegajoso, insípido, indigesto e frutal da colcha de flores. (No caminho de Swann)

Esse "devaneio gustativo" nos faz penetrar nos bastidores do romance. Para elaborar sua obra, Proust *cozinhou, como a uma massa*, os diversos ingredientes que a realidade lhe oferecia. Assim, Combray é o amálgama de dois lugares, Auteuil e Illiers, onde passou os melhores momentos de sua infância.

Auteuil é a casa em que nasceu em 10 de julho de 1871, na rua La Fontaine, nº 96; a casa, que hoje desapareceu para dar lugar à avenida Mozart, pertencia a seu tio-avô materno, Louis Weil. Na época áurea, a família se reunia no jardim para *os longos bate-papos na obscuridade*, que se tornarão *as recordações de jantares e trocas de receitas de frango à caçadora.* Lá estavam os avós maternos de Marcel, Adèle e Nathée Weil, o tio Georges, os primos Weil e as primas Crémieux, filhas e netas da figura eminente da família, o ministro Adolphe Crémieux.

O professor Adrien Proust, pai de Marcel, não se demora muito nesse oásis campônio às portas de Paris. Este médico brilhante, chefe de clínica no hospital de la Charité, é designado a várias missões oficiais. Reside na rua Roy, nº 8 (bulevar Haussmann), e, a partir de 1873, no bulevar Malesherbes, nº 9, endereços de Proust "na cidade".

Mas é durante as longas noites ociosas no jardim de Auteuil que o menino pode usufruir a presença da mãe, Jeanne Weil; a menos que um convidado inoportuno a solicite, tirando-a dele e provocando o drama de se deitar sem o beijo materno, evocado desde as primeiras páginas de seu livro. Para ele, este *alimento espiritual* é inseparável de todos os outros, tão abundantes em Auteuil e em Illiers.

Illiers é o berço da família Proust. A partir do século XVI, os ancestrais paternos de Marcel estão entre os notáveis desse pequeno burgo vizinho de Chartres. São merceeiros, comerciantes de velas e autoridades de Illiers. Adrien Proust, bolsista brilhante do liceu de Chartres, ao optar por estudar medicina em Paris, tornou-se o primeiro membro da família a deixar a região da Beauce. Seu pai, Louis Proust, previu o progresso e, com o surgimento da vela de estearina, criou um cirieiro próspero. Até sua morte, em 1863, manteve, com a esposa, Virginie Torcheux, "Mercearia, Armarinho, Fábrica de Faiança, Vidraçaria, Garrafas e Cristais, Fábrica de Pregos, Aguardente e Licores, na Place du Marché, em frente à igreja, em Illiers". O letreiro do estabelecimento ainda anuncia: "Fábrica de Cera, Mel e Velas", "Fábrica de Chocolate *de santé* e de Baunilha".

"Entrávamos para dizer a Théodore que levasse um bolo maior que de costume porque nossos primos tinham aproveitado o bom tempo para vir de Thiberzy almoçar conosco."
Édouard Manet, Natureza-morta com brioche, *Christie's, Londres.*

"Ofertava a meus lábios a testa pálida e murcha, sobre a qual, àquela hora da manhã, ainda não arranjara a cabeleira postiça."
Illiers, retrato de Mme Jules Amiot, nascida Élisabeth Proust (1823-1886), tia de Marcel Proust.

ACIMA À DIREITA:
"Eu é que estava encarregado de derramar do saco da farmácia em um pires a quantidade de tília que se devia pôr depois na água fervendo."

A irmã mais velha de Adrien Proust, Élisabeth, casou-se com Jules Amiot, proprietário e comerciante. Ele é o dono da *loja de modas da praça*, cuja porta é amarela como *a grande torta de maçãs que se serve* aos domingos.

Marcel Proust passa as férias na casa do *tio Jules*, à rua du Saint-Esprit, nº 4. Junto com a de Auteuil, ela compõe o cenário de Combray. Pela magia dessa síntese sutil, o invisível toma corpo e é provido de personagens mais verdadeiros que os que desapareceram.

No itinerário de *Em busca do tempo perdido*, Combray representa a iniciação à arte do paladar, protegida por uma divindade, Françoise, a cozinheira, que se distingue do círculo familiar, igualmente portador de uma iniciação ao paladar, se bem que literária e estética. Um personagem exterior vem perturbar essa harmonia primitiva, trazendo, por sua vez, o "gosto" do mundo e da arte: Charles Swann.

Quem é Swann? *Um fino gourmet, um espírito positivo, um colecionador, apreciador de livros antigos, membro do Jockey, um homem rodeado da consideração geral, um conhecedor de boas firmas e que nos enviava o melhor vinho do Porto que se pode beber, um diletante, um pai de família.* (Sodoma e Gomorra) Esse esteta reúne a competência do crítico de arte e a do crítico gastronômico. Ele, *um dos homens mais adulados pela alta sociedade do faubourg Saint-Germain,* senta-se, sem cerimônia, no jardim de Combray para detalhar, com requinte de minúcia, receitas de cozinha. De fato, *ninguém se sentia constrangido em mandar chamá-lo quando havia necessidade de molho* gribiche *ou de salada de ananás para os grandes jantares aos quais não o convidavam, (...) esse primitivo Swann cheio de lazeres, perfumado pelo aroma do grande castanheiro...* (No caminho de Swann)

Esse dândi, amante da arte e da boa comida, introduz Marcel à pintura italiana, ao mesmo tempo que, em Illiers ou em Combray, o círculo do jovem herói lhe transmite o gosto pelos pratos cuja simples menção atiça o desejo.

Já em *Jean Santeuil*, esboçado a partir de 1895 e deixado inacabado, Proust mostra essa linguagem dos pratos, a força evocadora do cardápio que quase nos faz desfalecer de desejo:

Jean lá fora para saber o que ia haver para o almoço, saber também das novidades que nada tinham de platônicas, que satisfaziam sua curiosidade, mas para fazê-la renascer logo das cinzas, mais sensual e impaciente, pois um cardápio, se dá informações como um jornal, também excita como um programa.

... – Esta manhã temos para o almoço ovos à cocotte, *filé com molho bearnês e batatas fritas. Gostas de filé bearnês? – Oh, claro, tio. – Muito bem! Tanto melhor. E, aliás, temos cadozes se o tio David os trouxe, não sei. Ah! Mas já são onze e quinze, é hora de partir se não quisermos perder a fritura (...).*

E Jean... pensando intensamente nos ovos à cocotte *e no filé bearnês, não se sentia com disposição para esperar, antes de ir prová-los, e começava a achar que o topo aveludado dos íris roxos sobre as águas e o odor embalsamado das rosas da Síria no canto das aleias davam muito pouca satisfação à goela excitada pelo trabalho matutino, pelas horas e pelo desejo.* (Jean Santeuil)

Aqui, nos momentos em que a litania dos cardápios é substituída pela satisfação do apetite, não há dúvida de que se deve ler uma das grandes verdades de *Em busca do tempo perdido.* Isto é, que *somente a tentação é divina,* que para criar o artista deve se desprender do mundo sensível para reencontrá-lo além do tempo.

O gourmet deve aliar à eloquência do poeta a perspicácia do pintor; com palavras quase semelhantes, Proust nos mostra Jean Santeuil e tio Jules processando a delicada alquimia que transforma uma gamela de creme e alguns morangos em uma obra-prima gastronômica e visual:

Depois de haver comido um biscoito rosado, Jean esmagava morangos num pedaço de queijo coberto de creme até que a cor lhe fizesse todas as promessas de que traduziria num instante o gosto sonhado e obtido. À espera, punha morangos e, vez por outra, um pouco de creme, em proporções definidas, com olhares em que havia um misto de atenção e prazer, toda a experiência de um colorista e a adivinhação de um guloso. (Jean Santeuil)

... O creme e os morangos que o tio misturava em proporções sempre idênticas, parando exatamente ao atingir o tom de rosa que queria, com a experiência de um colorista e a adivinhação de um gourmand. (Journées de lecture, *em* Contre Sainte-Beuve)

Todos os sentidos são convidados para esse banquete que alegra o olfato, o paladar, mas também a visão – o mais "intelectual" dos sentidos – e a audição, pelo bater da louça, talheres e cristais ou o eco prolongado de um sino no calor do meio-dia. O espaço da cozinha rompe as dimensões do universo e da obra, onde cada refeição se torna uma cerimônia.

Françoise, a cozinheira, é quem reina nesse ritual e rege a sinfonia de todos os sentidos.

Quem é Françoise? De onde vem? Mais de uma cozinheira da família Proust em Auteuil, em Paris, em Illiers, imprimiu seus traços iluminados pelo calor do forno na memória absoluta do jovem Marcel. Assim como *em um livro... é preciso muitas jovens para fazer uma única jovem*, foram necessárias várias figuras assustadoras e devotadas, severas e maternais, bondosas e temíveis para que Françoise aparecesse.

Era ela, em Illiers, essa Ernestine Gallou que cuidou da avó de Proust até sua morte, em 1889, em seu pequeno alojamento, em cima de um átrio, na praça da igreja? É Félicie Fitau que, em Paris, preparava tão bem o guisado de carne de vaca e que empresta o nome à cozinheira de *Jean Santeuil?* De fato, vemos *Félicie, como Vulcano em sua forja, atiçando o fogo, mexendo os carvões rubros com um gancho de ferro, num chamejar, num calor, num crepitar, num estrondar de inferno.* Ela, *cujas mãos grosseiras como as de certos escultores... compunham... uma obra de primoroso acabamento...*

Françoise executa as receitas sutis inspiradas por *seu próprio gênio*, ou ditadas por tia Léonie, *que não pesa mais que um saquinho de cerejas* e só se alimenta de compotas e ovos. A prodigalidade transbordante da cozinha, templo da abundância que despeja todos os dias na mesa da família seu conteúdo magicamente renovado, parece destinada a preencher um vazio – o da ascese de tia Léonie. Assim será sua obra.

Françoise não se desconcerta com o requinte. Em seu *pequeno templo de Vênus*, com *o chão ladrilhado de vermelho e brilhante* como *pórfiro*, a cumeeira *coroada com o arrulho de uma pomba*, ela recebe *as oferendas dos comerciantes de laticínios, de frutas, de legumes, que às vezes vêm de lugarejos distantes para lhe ofertar as primícias de seus campos.* Ela é ao mesmo tempo deusa e sacerdotisa de um culto violento que fascina o menino:

... Françoise, comandando as forças da natureza tornadas suas auxiliares, como nas féeries *em que os gigantes se fazem empregar como cozinheiros, remexia o carvão, levava ao vapor algumas batatas para estufá-las e fazia o fogo dar ao devido ponto as obras-primas culinárias, preparadas antes nos recipientes de cerâmica, os quais iam desde os grandes tachos, marmitas, sopeiras e travessas, às terrinas para a caça, às formas para empadas, e aos pequenos potes de creme, passando por uma coleção completa de caçarolas de todos os tamanhos.* (No caminho de Swann)

A cozinheira confere à abundância aparentemente anárquica dos cardápios um sentido cuja chave só ela possui. Ela orquestra a sucessão de pratos de acor-

---

"Esse primitivo Swann cheio de lazeres, perfumado pelo aroma do grande castanheiro, do cestinho de framboesas e de um tantinho de estragão."

Páginas seguintes:

"O castanheiro rosa ficava florido durante todo o mês de maio. E não longe uns dos outros, seus cachos de flores erguiam-se inumeráveis e por cima da folhagem enorme e tranquila, como uma floresta cor-de-rosa sobre a vertente desigual de uma montanha verde."

"Seria porque o espinheiro-rosado e o pilriteiro se associavam à recordação do queijo de nata branca, que um dia em que esmagara morangos se tornara cor-de-rosa... e ficou sendo para ele a coisa mais deliciosa de se comer e que todos os dias pedia à cozinheira..."

do com um comentário que justifica sua existência. Ela doma a profusão dos víveres, ordenando-os em um discurso. Nisso ela se iguala aos maiores artistas, que transmutam a matéria em obra de arte:

Pois, ao fundo permanente de ovos, costeletas, batatas, geleias, biscoitos, que nem sequer nos anunciava mais, Françoise acrescentava – de acordo com o trabalho dos campos e dos pomares, o fruto da pesca, os acasos do comércio, a polidez dos vizinhos e seu próprio espírito inventivo, e tão bem-feito, que nosso cardápio, como aqueles quadrifólios, esculpidos no século XIII no pórtico das catedrais, refletia um pouco o ritmo das estações e dos acontecimentos da vida –: um rodovalho, cuja frescura lhe fora garantida pela vendedora de peixe, um peru, porque vira um muito bonito no mercado de Roussainville-le-Pin, alcachofras com tutano, porque ainda não as fizera daquele modo, uma perna de carneiro assada, porque o ar livre abre o apetite e teria tempo de descer daqui a sete horas, espinafres para variar, abricós porque ainda eram uma raridade, groselhas, porque dentro de quinze dias não haveria mais, framboesas que M. Swann trouxera expressamente, cerejas, as primeiras que vinham da cerejeira do jardim depois de dois anos em que ela não dera coisa alguma, o requeijão de que eu gostava tanto antigamente, um doce de amêndoas, porque o havia encomendado na véspera, um brioche, porque era a nossa vez de oferecê-lo. Quando tudo isso houvesse terminado, feito expressamente para nós mas dedicado em especial a meu pai, que era apreciador, era-nos oferecido um creme de chocolate, inspiração e atenção pessoal de Françoise, fugaz e leve como uma obra de circunstância, e no qual pusera todo o seu talento. Aquele que se recusasse a prová-lo, dizendo: "Terminei, não tenho mais fome", seria imediatamente rebaixado à categoria desses indivíduos grosseiros que, mesmo diante do presente que um artista lhes faz de uma obra sua, só veem o peso e o material, quando o que vale é a intenção e a assinatura. Mesmo deixar no prato uma só gota que fosse seria testemunho de igual impolidez como erguer-se antes do fim da audição na cara do compositor. (No caminho de Swann)

A refeição se torna a crônica deliciosa da vida camponesa e da passagem das estações; a humanidade e a natureza se reconciliam mais uma vez. Os víveres, domesticados e extensamente preparados, se metamorfoseiam em quadros suntuosos, dignos dos pintores flamengos que Marcel Proust descobre no Louvre. A cozinha, antro de um alquimista, se transforma em um ateliê onde obras-primas são elaboradas. Swann tem um ponto em comum com Françoise, pois dirige um olhar de artista às coisas e aos seres mais simples. Vê a figura de um afresco de Giotto na garota incumbida de descascar os aspargos.

A pobre Caridade de Giotto, como a chamava Swann, encarregada por Françoise de lhes tirar a pele, tinha-os junto dela num cesto, e mantinha um ar dolorido como se sentisse todas as desgraças da terra; e as leves coroas azuis que enlaçavam os aspargos por sobre suas túnicas cor-de-rosa eram minuciosamente desenhadas, estrela por estrela, como o estão no afresco as flores enfaixadas em torno à fronte ou que pontilham na corbelha da Virtude de Pádua. (No caminho de Swann)

O objeto mais insignificante abrirá perspectivas infinitas, mesclando refinamento e trivialidade, cultura e ingenuidade. Proust compõe o quadro de sua própria visão com as cores do pintor e o humor do escritor:

Parava para olhar, sobre a mesa, onde a criada de cozinha acabava de descascá-las, as ervilhas alinhadas e contadas como bolinhas verdes num jogo; mas o meu encanto ia todo para os aspargos, embebidos em ultramar e rosa, e cujo talo, finamente raiado de azul e malva, vai se degradando insensivelmente até o pé – ainda manchado do chão em que estava – por irisações que não pertencem à terra. Parecia-me que tais nuanças celestes traíam as

---

PÁGINA AO LADO:
"E, aliás, temos cadozes se o tio David os trouxe, não sei."

criaturas deliciosas que se divertiam em se transformar em legumes e que, por meio do disfarce de sua carne comestível e consistente, deixavam entrever nessas cores nascentes da aurora, nesses esboços de arco-íris, nesses fins de tarde azuis, a essência preciosa que eu reconhecia ainda quando, pela noite que se seguia a um jantar em que eu comera aspargos, se divertiam, nas suas farsas poéticas e grosseiras como uma féerie *de Shakespeare, em transformar o meu urinol em um vaso de perfume.* (No caminho de Swann)

Mas Françoise preside a muitos outros mistérios: é o sumo sacerdote da *lei cruel da arte* que começa no santo dos santos, os fundos da cozinha.

(...) Françoise estava atrasada. Quando cheguei lá embaixo, ela estava na copa, que dava para o galinheiro, tentando matar um frango que, por sua resistência desesperada e bastante natural, mas acompanhada por Françoise fora de si, aos gritos de "Droga! Droga!", enquanto procurava lhe partir o pescoço por sob a orelha – colocava a santa doçura e a unção da nossa criada um pouco menos em destaque do que o teria feito, no jantar do dia seguinte, com sua pele debruada de ouro como uma casula e seu molho precioso a pingar de um cibório. Logo que ele morreu, Françoise recolheu o sangue que corria sem lhe afogar o rancor, teve ainda um assombro de cólera, e, olhando o cadáver do inimigo, exclamou uma última vez: "Droga!" Tornei a subir, todo trêmulo. (No caminho de Swann)

Aí se escama o verniz civilizado das receitas cochichadas à noite e das refeições nos dias de festas. Subsiste apenas uma cena primitiva cuja violência desperta os instintos adormecidos. Françoise encarna esse lado obscuro que existe em cada um de nós. Ela não se priva de exercer sobre suas auxiliares, pobres jovens sem defesa, um poder despótico que atinge o sadismo. Certo verão, ela serve aspargos com uma constância surpreendente:

– Senhora Octave, preciso deixá-la, não tenho tempo para me distrair, já são dez horas, o forno ainda não está aceso e eu ainda tenho de ralar meus aspargos.

– Mas como, Françoise, ainda mais aspargos! Mas é uma verdadeira febre de aspargos que você tem esse ano! Assim vai acabar enjoando os nossos parisienses!

– Mas não, senhora Octave, eles gostam muito disto. Vão voltar da igreja com apetite e a senhora verá que não vão comê-los com a ponta do garfo.

(...) No ano em que comemos tantos aspargos, a criada da cozinha, em geral encarregada de os ralar, era uma pobre criatura doentia, num estado de gravidez muito adiantado quando chegamos para a Páscoa, e as pessoas até se espantavam que Françoise a deixasse andar e trabalhar tanto (...)

... Muitos anos depois é que ficamos sabendo que havíamos comido aspargos quase todos os dias porque o seu cheiro dava à pobre criada de cozinha, encarregada de descascá--los, acessos de asma de tamanha violência que ela afinal foi obrigada a ir embora. (No caminho de Swann)

Marcel descobre, nos fundos da cozinha de Combray, os bastidores de toda criação artística. Observando Françoise, passa a compreender quantos sacrifícios exige uma obra-prima.

A cozinheira levanta o véu que ocultava mistérios aterradores e implacáveis. O menino os pressente: como a literatura, a cozinha é *uma arte violenta*, e, para conter essa onda de selvageria, a civilização instituiu um certo número de leis e rituais. Os ornamentos litúrgicos, que cercam metaforicamente o animal cozinhado ao ponto, testemunham a passagem da selvageria primitiva ao "estado da cultura". O ritmo inalterável das refeições ordena o desenrolar dos dias e dissimula a crueldade da cozinheira. A vida rotineira de tia Léonie é a imagem deformada da necessidade ascética, ainda que estéril, de pontos de referência.

Da mesma forma que sua gulodice se satisfazia na repetição cotidiana e idêntica de um cardápio preferido, e que a espera pela mesma omelete, pelas mesmas batatas fritas, e pela mesma compota de pêssego nela despertava, com horas compridas de antecipação, a imagem dos pra-

zeres, como não se sentiria lograda se lhe trouxessem ovos mexidos que a "privassem de sua omelete", ou um queijo cremoso ao qual bastava olhar para ter a melancólica notícia de que a compota não mais viria até o dia seguinte... Entretanto, após meses de semelhantes ocupações e de cardápios idênticos, um tantinho de gosto pela novidade se acentuara nela e começava a inquietá-la. Dizia a Françoise: – Preciso conversar com você, tenho vontade de mudar meu cardápio. – Admitiam a possibilidade de ovos quentes malpassados. Talvez para não dar um adeus definitivo à omelete, poderia comer, para começar, uma omelete e um ovo quente... (No caminho de Swann, *esboço XVIII*)

"Os fundos da cozinha pareciam antes um pequeno templo dedicado a Vênus do que o antro de Françoise. Estavam repletos das oferendas do leiteiro, do fruteiro, da verdureira, às vezes provenientes de remotíssimas aldeias, para lhe dedicar as primícias de seus campos..."

Ernestine Gallou, uma das modelos de Françoise, no final da vida, em Illiers.

"Françoise, comandando as forças da natureza tornadas suas auxiliares, como nas féeries *em que os gigantes se fazem empregar como cozinheiros, remexia o carvão, levava ao vapor algumas batatas para estufá-las e fazia o fogo dar ao devido ponto as obras-primas culinárias, preparadas antes nos recipientes de cerâmica, os quais iam desde os grandes tachos, marmitas, sopeiras e travessas, às terrinas para a caça, às formas para empadas, e aos pequenos potes de creme, passando por uma coleção completa de caçarolas de todos os tamanhos."*

Joachim Beuckelaer, Interior de cozinha, *Museu do Louvre, Paris.*

Uma estratégia acertada com antecedência e tão precisa quanto um bailado preside o bom andamento das coisas:

... Quando Jean voltava do campo, pouco antes da hora do almoço, as cadeiras já se achavam, muitas vezes, em seu lugar ao redor da mesa. E tão certa como a luz branca do meio-dia imóvel sobre as estradas, sobre a mesa o exército rutilante, imóvel e já completo dos pratos, dos talheres alinhados ao lado dos pratos, dos saleiros colocados por último, das garrafas menos numerosas e mais altas que comandam uma fileira por inteiro, e sobretudo, para cada prato, guardanapos, dispostos como toucas brancas que Ernestine só mobilizava no fim, indicava que estava perto o meio-dia e que, tendo soado as doze badaladas, os convivas não tardariam a tomar assento, dando assim o sinal de manobra dessa brilhante artilharia de facas e garfos e do desfile de pratos que Ernestine, como um chefe solícito, apresentava de um em um, desfile mais agradável ainda quando era favorecido por um belo sol que fazia resplender o vinho das garrafas e vinha brincar na mesa entre os garfos e as facas. (Jean Santeuil)

O café, por fim, encerra cada refeição com a aparição misteriosa do aparelho sábio, submetido à mediação de um celebrante solene e concentrado:

É entre esses atributos antigos e inocentes da soberania rural que se poderia fazer penetrar de novo o aparelho extremamente complicado, porque era muito primitivo, que a criada levava então a M. Abert e no qual ele fazia o café em virtude de uma prerrogativa que não teria cedido a nenhuma outra pessoa. Se por acaso, tendo partido para uma fazenda, não vinha almoçar, "Quem vai fazer o café?" tornava-se, por assim dizer, uma questão constitucional. A não ser que lá se achasse uma personalidade marcante como M. Santeuil, era preferível recorrer à criada, tida, em geral, como uma espécie de secretário de Estado, de modo que isso evitava a nomeação arbitrária de um suplente. Tal aparelho era de vidro e assim viam-se formar as bolhas, o vapor misturado à essência do café espalhar um fumo enegrecido na face interna, e a água, ao se elevar, atravessar um filtro e cair de novo noutro tubo onde era recolhida. M. Abert ouvia a água ferver e essa música, menos sábia que a cavalgada que estimula as digestões mais distintas, mas exprimindo perfeitamente o bem-estar que ele experimentava e anunciando com muita clareza o momento próximo em que o café fumegante ia acrescentar a esse bem-estar uma sensação deliciosa de calor, de gosto açucarado e vivo e de delicado perfume, enchia-lhe as medidas. (Jean Santeuil)

Às vezes, uma modificação instaura um rito complementar em um programa estabelecido de modo definitivo. É o caso do sábado em Combray:

... Todos os sábados, como Françoise ia de tarde ao mercado de Roussainville-le-Pin, o almoço era servido uma hora mais cedo para todos (...). A antecipação do almoço, aliás, conferia aos sábados, para todos nós, um aspecto particular, indulgente, e bastante simpático. No instante em que normalmente se tem ainda uma hora a viver antes da interrupção da refeição, sabe-se que, dentro de alguns segundos, ia-se ver chegarem chicórias prematuras, uma omelete de favor, um bife não merecido (...). Desde a manhã, antes de nos vestirmos, sem motivo, pelo prazer de experimentar a força da solidariedade, dizíamos uns aos outros de bom humor, com cordialidade e patriotismo: "Não há tempo a perder, não nos esqueçamos que hoje é sábado!", ao passo que minha tia, conferenciando com Françoise e imaginando que o dia seria mais comprido que de hábito, dizia: "Bem que você poderia assar um bom pedaço de vitela, já que hoje é sábado". (No caminho de Swann)

O bloco familiar resiste, para transformar o acaso exterior em um rito secreto, compartilhado por iniciados. O que poderia ter gerado a desordem instaura uma ordem misteriosa da qual os "outros" são excluídos:

UM MENU DE COMBRAY

Aspargos
Ovos à *cocotte* com creme
Filés de linguado
Ervilhas à francesa
Tigelinhas de creme de chocolate
Brioche

Os gracejos sobre o sábado eram, no fundo, os únicos que nos divertiam, pois tinham algo de nacional, ajudando a nos diferenciar fortemente dos estrangeiros (...), isto é, de todos os que almoçavam nos sábados à mesma hora de costume. (No caminho de Swann, *esboço XLIX*)

Se aos sábados é permitido um pouco de fantasia, perturbar o cerimonial de um jantar chega a ser um sacrilégio. Quando Marcel pede a Françoise para levar uma mensagem à sua mãe que está à mesa com o único convidado possível, Charles Swann, esbarra com um silêncio reprovador. Incomodar alguém no meio de uma refeição? Impossível. Apesar de tudo, ela consente...

Um pouco depois ela veio me dizer que ainda estavam "na salada", e que o criado de quarto não pudera entregar a carta, mas, logo que fossem ao lavabo, aproveitaria para dar a carta a mamãe. (...) Entreabri a janela, tinham tomado café no jardim e eu ouvia o rumor das conversas (...). Soaram as dez horas. M. Swann foi embora. Ouvi mamãe perguntar a meu pai se achara bom o jantar (...), como estava o sorvete, se M. Swann repetira os biscoitos com chocolate... (No caminho de Swann, *esboço X*)

A espera angustiada do beijo materno se deixa embalar, ao cair da noite, pelo murmúrio dos pratos com nomes, que acalmarão como um bálsamo a criança ávida de *devorar com beijos* a face da mãe.

Até os dez anos de idade, Marcel Proust vai todos os anos a Illiers. Às vezes, seus pais aí o deixam para umas "férias" saudáveis. Para ele, é o "pior sofrimento", pois fica *separado da mamãe.* Mas, de repente, os médicos, que recomendaram "o ar" a essa criança frágil, proíbem o campo, depois que uma primeira crise de sufocação no Bois de Boulogne desperta o receio de que as flores e as árvores possam desencadear a asma ou "a febre do feno". Marcel retornará a Illiers somente uma vez, após a morte de sua tia Élisabeth, em 1886. Tem, então, quinze anos; ali revive, em meio às leituras mais inebriantes, as vibrações sensuais e as terríveis emoções de sua infância.

Pela primeira vez experimenta o amargo esplendor da recordação. Essa estada é um prelúdio aos longos anos de reclusão no quarto, no bulevar Haussmann, nº 102, antes *do quarto sinistro da rua*

"Um creme de chocolate... fugaz e leve como uma obra de circunstância..."

À ESQUERDA:

"Françoise... tão ativa e inteligente, que se apresentava tão perfeita às cinco da manhã na cozinha, com sua touca cujas abas deslumbrantes e fixas pareciam de porcelana, como para ir à missa cantada."

Hamelin, que François Mauriac conheceu. O que as visitas ignoram é que esse cômodo em desordem, mais que um quarto de doente, é o reino de um gourmet refinado. O anfitrião *com o rosto céreo*, que se satisfaz em vê-los comer, elabora, nos cadernos que atravancam sua mesa, uma cozinha da qual só ele sabe o segredo: a que dá ao lamento "nunca mais" o sabor temperado e suave da felicidade recuperada.

"Sobre a mesa o exército rutilante, imóvel e já completo dos pratos, dos talheres alinhados ao lado dos pratos, dos saleiros colocados por último, das garrafas menos numerosas e mais altas que comandam uma fileira por inteiro, e sobretudo, para cada prato, dos guardanapos, dispostos como toucas brancas..."

Ao lado:
"O aparelho de café... tubular e complicado como um instrumento de física que tivesse um cheiro agradável."

Páginas seguintes:
"Ainda estávamos sentados diante dos pratos das Mil e uma noites, *amolecidos pelo calor e principalmente pela refeição."*
Prato 3º Kalender, filho do rei, coleção particular, Paris.

MILLE ET UNE NUITS

Na casa dos Swann, Paris

A dama de rosa

Da esquerda para a direita:
Alfred Stevens, A Dama de Rosa, *Museus Reais de Belas-Artes, Bruxelas.*

"Um 'novo' que Odette lhes pedira para convidar... o conde de Forcheville!"

Página à esquerda:
"O jardim de inverno *que naquele tempo o transeunte em geral observava..."*

Primeira felicidade: brincar nos jardins dos Champs-Élysées com Lucie, Antoinette Faure, e sobretudo Marie Benardaky, que foi, segundo ele, *o grande amor de minha vida sem que ela jamais soubesse.* Marcel Proust a torna Gilberte Swann, filha de Charles Swann e de sua esposa Odette, uma mulher de reputação duvidosa. E, de fato, enquanto o pai de Marie Benardaky é um honrado mestre de cerimônias da corte do tsar, sua mãe não é recebida pela alta sociedade.

O escritor confessa ter pensado em sua companheira de brincadeiras *para a chegada de Gilberte nos Champs-Élysées pela neve.* Mas não é a primeira vez que o narrador vê essa menina *ruiva*, de olhos pretos cintilantes. Ela já lhe aparecera em Combray, quando retornava de um passeio *no caminho da casa de Swann*, atrás de uma maravilhosa sebe de espinheiros. Ela, então, tinha *petrificado* o menino, que a reencontrará mais tarde em Paris. O reencontro assinala a introdução de Marcel na vida mundana. Embora Gilberte seja fascinante, Odette, sua mãe, aparece no céu do jovem como uma deusa erguida pela vontade do marido, Charles Swann. Somente uma paixão misteriosa e breve desse homem refinado pela mulher de reputação duvidosa, que é Odette de Crécy, pode explicar seu *mau casamento.* Mas como esse dândi exigente se deixou conquistar pelos encantos de uma mulher *que não faz seu gênero?*

Foi bem antes do nascimento do herói que Odette tentou seduzir Swann, convidando-o para o "chá". *Ela julgava demonstrar originalidade e manifestar charme ao dizer a um homem: "vai me encontrar todos os dias um pouco tarde; venha tomar chá".*

"E você", disse ela, "não irá uma vez à minha casa tomar chá?" Ele se desculpara com trabalhos em andamento, um estudo – na verdade abandonado há anos – sobre Vermeer de Delft. "Compreendo que não posso fazer nada, insignificante como sou, ao lado de sábios como você", respondera Odette. "Seria como a rã diante do areópago. E, no entanto, gostaria tanto de me instruir, saber, ser iniciada. Como deve ser divertido buquinar, meter o nariz em papéis velhos!", acrescentou contente consigo mesma, com esse ar que assume uma mulher elegante para afirmar que sua alegria é entregar-se, sem temor de se sujar, a uma tarefa sórdida, como por exemplo cozinhar "pondo as mãos na massa". (No caminho de Swann)

Ainda assim, desdenhando a realidade inferior e os mistérios violentos da cozinha, Mme Swann oferecerá a seus convidados alimentos de origem estrangeira, cujo principal mérito, a seu ver, é estar na moda. No esquecimento da tradição camponesa, encarnada por Françoise, sem dúvida devemos ler o desejo de dissimular sua própria origem, principal obstáculo à sua ascensão social. O esnobismo, consenso mundano consagrado ao efêmero, substitui, então, a tradição familiar, ancestral. Odette se entrega à anglomania que faz furor na época. Gilberte é a dublê perfeita de sua mãe; a cerimônia do chá, a mania de empregar palavras inglesas na conversação, as escolhas culinárias – tudo é influenciado por essa moda que também parece "chique" ao jovem herói:

Ao meio-dia e meia, eu me decidia, enfim, a entrar naquela casa, que, como um grande sapato de Natal, parecia-me dever trazer prazeres sobrenaturais. (Aliás, o *nome Natal era desconhecido de Mme Swann e de Gilberte, que o haviam substituído por* Christmas, *e só falavam do* Christmas Pudding, *e do que lhes haviam dado pelo seu* Christmas, *de ausentarem-se – o que me deixava louco de dor – pelo* Christmas. *Mesmo em casa, eu me julgaria desonrado se falasse do Natal e só dizia* Christmas, *o que meu pai achava extremamente ridículo.)* (À sombra das moças em flor)

O ritual mundano é tão complexo quanto o código que presidia as refeições em Combray. Marcel o aprende às próprias custas, durante um almoço na casa dos Swann:

No momento em que ia passar da antecâmara para o salão, o mordomo me entregou um envelope delgado e com-

prido no qual estava escrito meu nome. Surpreso, agradeci, enquanto olhava o envelope. Não sabia o que fazer com ele, como um estrangeiro com um desses pequenos instrumentos que se dão aos convivas nos jantares chineses. Vi que estava fechado, receei ser indiscreto abrindo-o em seguida e o coloquei no bolso (...).

(...) Nesse meio-tempo passara-se à mesa. Ao lado de meu prato encontrei um cravo cujo talo estava envolto em papel prateado. Fiquei menos embaraçado que diante do envelope entregue no vestíbulo e que já esquecera de todo. O costume, entretanto tão novo para mim, me pareceu mais inteligível quando vi todos os convidados masculinos pegarem um cravo idêntico, que acompanhava os talheres, e o colocarem na botoeira da sobrecasaca. Procedi como eles com aquele ar natural de um livre-pensador na igreja, que não conhece a missa mas se ergue quando todos se levantam e põe-se de joelhos um pouco depois de todos fazerem o mesmo. Um outro costume desconhecido e menos efêmero desagradou-me um tanto mais. Ao lado do meu prato havia outro menor, cheio de uma substância escura que eu não sabia ser caviar. Ignorava o que fazer com aquilo, mas estava resolvido a não comê-lo.

(De volta.) *Tendo deixado meus pais, fui trocar de roupa e, esvaziando os bolsos, encontrei de repente o envelope que o mordomo da casa dos Swann me entregara antes de me introduzir no salão. Agora, estava sozinho. Abri-o; dentro havia um cartão no qual indicavam-me a dama a quem deveria oferecer o braço para ir à mesa.* (À sombra das moças em flor)

A iniciação aos hábitos da sociedade coloca em alerta, em tom menor, o espírito de observação e a imaginação. Não é um exercício tão inútil: convém perder muito tempo em futilidades para se atingir o essencial. O almoço *(que Mme Swann chamava de* lunch*)*, ou o jantar, marcam as etapas da aprendizagem social.

No entanto, o chá ou o lanche são os momentos privilegiados no despertar dos sentidos e do sentimento. A atmosfera desses eventos, aparentemente tão anódinos, é impregnada de solenidade. Uma penumbra propícia enche de mistério a sala de jantar de Gilberte, e o boudoir onde Odette serve o chá a Swann. Através da gula o herói comunga com o ser desejado. Na casa de Gilberte, o bolo, em torno do qual se dá o intercâmbio entre a adolescente e seu admirador loucamente apaixonado, assume uma dimensão mítica, enfatizada pela alusão ao *palácio de Dario.* Essas primeiras perturbações sensuais têm algo de fabuloso para aquele que as descobre, *petrificado:*

... Os próprios lanches... que Gilberte oferecia a suas amigas e que, por tanto tempo, me haviam parecido a mais intransponível das separações acumuladas entre ela e mim, tornavam-se agora uma ocasião para nos reunirmos (...).

DA ESQUERDA PARA A DIREITA:
Laure Hayman (1851-1932), foto de Paul Nadar, 25 de novembro de 1879. Essa mulher de reputação duvidosa, *amiga de vários homens da sociedade, escritores e artistas, se indispôs com Proust ao se reconhecer na personagem de Odette. O escritor teve de usar de toda a sua diplomacia para convencê-la de que não se tratava disso.*

Parque Monceau, 1885. Marcel Proust e seus companheiros de brincadeiras; a seu lado, Lucie Faure, filha do futuro presidente da República, Félix Faure.

Entretanto, naquelas tardes de lanche, subindo a escada degrau a degrau, já sem ideia e sem memória, não sendo mais que um brinquedo dos reflexos mais vis, chegava à região em que o perfume de Mme Swann se fazia sentir. Acreditava já ver a majestade do bolo de chocolate, rodeado por um círculo de pratos de sequilhos e de pequenos guardanapos adamascados cinzentos, com desenhos, exigidos pela etiqueta e próprios dos Swann.

(...) Quando estávamos todos no pequeno salão de Gilberte, de súbito, olhando as horas, ela dizia:

AO LADO:
Marcel Proust aos treze anos, vestido como "Pequeno Lord Fauntleroy", para uma festa à fantasia.

PÁGINA AO LADO:
"Recebeu-o de peignoir de crepe da China de cor malva, trazendo sobre o peito um estofo ricamente bordado."

PÁGINAS SEGUINTES:
"Olha, parece bom isto que estão comendo; me dá até fome ver vocês comendo cake.*"*

– Olhem, já faz tempo que almocei, só janto às oito horas, mas tenho vontade de comer alguma coisa. Que dizem?

E ela nos fazia entrar na sala de jantar, sombria como o interior de um templo asiático pintado por Rembrandt, e onde um bolo arquitetônico tão complacente e familiar quanto imponente parecia reinar ali ao acaso como num dia qualquer, para o caso que desse na cabeça de Gilberte despojá-lo de suas ameias de chocolate e de abater suas muralhas de rampas fulvas e rígidas, cozidas ao fogo como os bastiões do palácio de Dario. Melhor ainda: para proceder à destruição da pastelaria ninivita, Gilberte não consultava apenas a sua fome; informava-se também sobre a minha, enquanto extraía para mim, do monumento desmoronado, um grande pedaço polido e engastado de frutos escarlate, ao gosto oriental (...). Chegaria o momento em que seria necessário digerir os doces que eu comia sem perceber o que estava fazendo. Mas esse momento ainda estava longe. Enquanto isso, Gilberte preparava o "meu chá". Bebia indefinidamente, ainda que uma única xícara me impedisse de dormir durante vinte e quatro horas... Mas quando me achava na casa dos Swann, sabia eu pelo menos que era chá o que estava bebendo?

(...) As amigas de Gilberte não estavam todas mergulhadas nesse estado de embriaguez (...). Algumas chegavam a recusar o chá! Então Gilberte dizia, frase muito em voga naquela época: – Decididamente, não faço sucesso com o meu chá! (...). Mordiscava, sentada de lado num assento em forma de X colocado transversalmente (...).

Mme Swann... depois de ter levado uma visita à porta, voltava um instante após, correndo, às vezes trajada de veludo azul, quase sempre com um vestido de cetim preto ornado de rendinhas brancas, dizia com ar assombrado:

– Olha, parece bom isto que estão comendo; me dá até fome ver vocês comendo cake. (À sombra das moças em flor)

Antes, Odette recebia em um cenário que também evocava o Oriente:

... Uma escada reta entre paredes pintadas de cores sombrias e de onde pendiam estofos orientais, fios de rosários turcos e uma grande lanterna japonesa suspensa a um cordão de seda (mas que, para não privar os visitantes dos últimos confortos da civilização ocidental, era iluminada a gás) subia para o salão e o pequeno salão, os quais eram precedidos por um vestíbulo estreito, cuja parede, quadriculada com uma grade de jardim, porém dourada, era

margeada em todo o comprimento por uma caixa retangular onde florescia, como numa estufa, uma fileira desses grandes crisântemos, ainda raros àquela época, mas bem longe, no entanto, daqueles que os horticultores conseguiram obter mais tarde. Swann se irritava com a moda que grassava desde o ano anterior, mas desta vez sentira o prazer de ver a penumbra da peça zebrada de rosa, laranja e branco pelos raios odoríferos desses astros efêmeros que se acendem nos dias cinzentos. Odette o recebera de chambre de seda cor-de-rosa, o colo e os braços despidos. Fizera-o sentar-se a seu lado num dos inúmeros e misteriosos remansos arrumados nos desvãos da sala, protegidos por imensas palmas em vasos chineses ou por biombos, aos quais estavam afixadas fotografias, leques e laços de fitas.

(...) (Ela) instalara atrás da cabeça de Swann, e debaixo de seus pés, coxins de seda japonesa que amassava como se fosse pródiga daquelas riquezas e não se preocupasse com o seu valor... As numerosas lâmpadas que, quase todas fechadas em potiches chineses, queimavam isoladas ou aos pares, todas em móveis diversos como sobre altares, e que no crepúsculo já quase noturno daquele fim de tarde invernal tinham feito reaparecer um pôr de sol mais duradouro, mais róseo e mais humano... (No caminho de Swann)

Os cômodos em que se desenrolam essas cerimônias de iniciação ao amor são marcados com um fervor quase religioso. O "templo asiático", no centro do qual se ergue o bolo de chocolate de Gilberte, o salão de Odette iluminado por candeeiros colocados sobre os móveis, *como em altares*, são lugares mágicos retirados do mundo. A sedução age, o acordo sutil entre uma presença feminina e a satisfação gourmande do desejo:

Odette preparou o "seu" chá para Swann, e perguntou: "Limão ou creme?"; e como ele respondesse: "Creme", disse-lhe rindo: "Uma nuvem!" E como ele o achasse bom: "Já vê que sei bem do que você gosta." De fato, o chá parecera a Swann, como também a ela, algo de muito precioso; e o amor tem tanta necessidade de descobrir uma justificativa, uma garantia de durabilidade, nos prazeres que, ao contrário, sem ele não o seriam, e que com ele terminam, que quando Swann a deixou às sete horas para voltar para casa e se vestir, durante todo o trajeto no cupê, não podendo conter a alegria que aquela tarde lhe causara, ia repetindo: "Como seria agradável ter assim uma pessoa em cuja casa se pudesse encontrar essa coisa tão rara, um bom chá." (No caminho de Swann)

A essa justificativa do conforto prático se acrescenta, *no caminho da casa de Swann*, uma justificação estética: (Odette impressiona)... *Swann pela semelhança com a figura de Séfora, a filha de Jetro, que se vê em um afresco da capela Sistina. (...) Agora que ele conhecia o original carnal da filha de Jetro, tornou-se um desejo que supria o que no começo não lhe inspirara o corpo de Odette. Após ter contemplado por muito tempo esse Botticelli, pensava no seu Botticelli, que considerava ainda mais belo, e, apertando contra si a fotografia de Séfora, supunha apertar Odette contra o coração.* (No caminho de Swann)

O amante da arte e o gourmet se confundem.

Na paleta infinita de *Em busca do tempo perdido*, uma cor se associa a Odette de modo particular: o rosa. A cortesã recebe na claridade rosa de seu boudoir, usando *um quimono de seda rosa*, entre os crisântemos rosa. Sua filha, Gilberte, aparecerá por trás de uma sebe de espinheiros rosa e brancos, aos olhos deslumbrados do narrador. Para o herói, o rosa sofisticado dos biscoitos do merceeiro de Combray e do iogurte de morango têm o gosto do desejo. Enquanto mãe e filha desempenham um papel semelhante, a primeira na vida de Swann e a segunda na vida de Marcel, mais adiante o leitor ficará sabendo que ponto em comum, quase anacrônico, uniu, sem que se desse conta, Swann ao herói. É que a mesma Odette de Crécy provocou ao mesmo tempo a paixão no jovem e a desavença do tio do herói com sua família. De fato, o jovem ia *uma ou duas vezes por mês a Paris visitar, quando ele terminava de almoçar*, tio Adolphe, que lembra o tio-avô de Marcel Proust, Louis Weil.

LANCHE EM CASA DE GILBERTE

Petits-fours
Christmas pudding
Bolo de passas
Torradas
Chá

ACIMA:
"E, para apagar ainda mais a ideia de cerimônia, desarrumando a ordem das cadeiras ao redor da mesa, Gilberte dizia: – Parece uma festa de núpcias; meu Deus, como são idiotas os criados..."

Aos olhos do sobrinho que, *nessa época, era amante do teatro*, tio Adolphe gozava do prestígio singular – embora reprovado pela família – de conhecer muitas das atrizes mais ilustres e também cortesãs, sem que seu sobrinho soubesse distinguir as segundas das primeiras. Nessas visitas, o tio *oferecia um maçapão ou uma tangerina.* Mas depois de uma visita imprevista, que, apesar das promessas feitas ao tio, contará correndo a seus pais, com os mínimos detalhes, ele se torna *perdidamente apaixonado pela mulher de rosa* que conheceu nesse dia. *Sobre a mesa estava* o *mesmo prato de bolo de amêndoas de costume; meu tio vestia a mesma japona de todos os dias, mas à sua frente, num vestido de seda rosado, com um grande colar de pérolas no pescoço, estava sentada uma mulher bem jovem que terminava de chupar uma tangerina.* Assim Odette de Crécy seduziu o colegial que, anos mais tarde, não consegue *identificar Mme Swann na Dama de Rosa de sua infância.* (No caminho de Swann)

Guloseimas e tortas acompanham essa intrusão no mundo do galanteio, prelúdio distante e, no decorrer do livro, perfeitamente anacrônico, dos lanches suntuosos de Gilberte.

A cor rosa funciona como um sinal que antecipa ou traz à lembrança os prazeres pressentidos, em vez de realmente experimentados, do amor. No entanto, o paladar permanece o suporte mais fiel da recordação: o sabor da lagosta à americana, reforçado pelo tom rosa vivo que o prato evoca, "se irradia" na memória do narrador, admitido, finalmente, na intimidade da família Swann:

Como poderia sonhar ainda com a sala de jantar como se fosse um lugar inacessível, quando não podia fazer um movimento de espírito sem dar com os raios infrangíveis que emitia ao infinito, até o meu passado mais distante, a lagosta americana que acabava de comer? (À sombra das moças em flor)

Entre os pratos servidos por Odette, o único que não era de origem exótica eram os *oeufs à la crème.* O jovem convidado se regala antecipadamente, andando de um lado para outro não muito longe do "santuário" dos Swann, nos dias em que sua impaciência o fazia chegar cedo demais para o *lunch.*

Via de longe, no jardinzinho dos Swann, o *sol fazendo cintilar, como de geada, as árvores desnudas. É verdade que o jardinzinho só tinha duas. (...) A esses prazeres da natureza (avivados pela supressão do hábito e até pela fome), misturava-se a perspectiva emocionante do almoço em casa de Mme Swann, o que não diminuía tais prazeres... era como uma espécie de prefácio aos ovos com creme, como uma pátina, uma camada transparente, fresca e rósea aplicada ao revestimento daquela capela misteriosa que era a residência de Mme Swann, em cujo seio se conservavam, ao contrário, tanto calor, tantos perfumes e flores.* (À sombra das moças em flor)

"Um bolo arquitetônico tão complacente e familiar quanto imponente parecia reinar ali ao acaso como num dia qualquer, para o caso que desse na cabeça de Gilberte despojá-lo de suas ameias de chocolate."

DRY
1904
V. CLICQUOT P.
WERLE
Veuve Clicquot Ponsardin
CHAMPAGNE
à
REIMS.
FRANCE

De Orléans a Doncières

O paraíso militar

"Imaginava, com muita satisfação, o jantar que ia comer quando, depois de atravessar Orléans à noite, chegasse ao Café Du Loiret e subisse ao aprazível refeitório com um belo fogo chamejante, onde o seu tenente recebia para jantar."

O soldado Marcel Proust, usando o uniforme do 76º Regimento de Infantaria, durante o ano em que foi voluntário, 1889-1890.

Na página ao lado:

"Moisés tendo apagado, só arde uma vela
Criando esse claro-escuro que amava Daniel Vierge
Uma vela que um Clicquot lançado ao ar asperge
Por um dos clientes que Bœuf hospeda
– Pastoral no nome, mas nada além de um albergue..."
Dedicatória de Proust a Serge André em um exemplar de Sodoma e Gomorra, *1922.*

No alto da página de "Confidências de salão", do volume XIV de *La Revue illustrée*, Marcel Proust escreveu *Marcel Proust por ele mesmo*. Entre as "confidências" requeridas, respondeu ao tópico "O fato militar que mais admiro" com: *Meu voluntariado!*

Com uma ponta de ironia, lembra-se, em 1892, de como permanecia ligado à recordação do serviço militar cumprido dois anos antes, que *viu como um paraíso* onde, tornou a escrever no final de sua vida, *era tão amado e onde sentia que podia ser tão útil que* não queria *partir*. "Voluntário condicional" depois de seu bacharelado, para poder escolher um corpo de infantaria não muito afastado de Paris e ser dispensado após um ano, Marcel Proust serviu, de fato, no 76º Regimento de Infantaria, no quartel de Coligny, em Orléans, de 15 de novembro de 1889 a 14 de novembro de 1890.

Os colegas estão, na época, em primeiro lugar, e são eles que dão o encanto à vida militar. Apesar de sua doença, Proust participa, de boa vontade, dos puxados exercícios físicos, e a promiscuidade do alojamento não causa repugnância ao menino mimado, a quem a mãe escreve em dezembro de 1889:

"Enfim, meu querido, já se passou um mês e só restam onze pedaços do bolo, dos quais um ou dois serão consumidos em suas licenças.

"Pensei em algo para abreviar o tempo. Pegue onze tabletes de chocolate, de que você gosta tanto, e diga a si mesmo que só comerá um no final de cada mês. Ficará surpreso em ver como desaparecerão – e o exílio com eles."

Não demora e o jovem vai preferir, em vez de tabletes de chocolate de gosto ainda infantil, alimentos mais viris. Ele se instala na cidade, a pedido dos colegas, incomodados por suas crises de asma noturna. Aluga um quarto na *pensão e restaurante* de Mme Ranvoizé, no faubourg Bannier, nº 92, próximo ao quartel de Coligny. Ele evoca o lugar em *Jean Santeuil*:

Cada um dos quartos da casa estava ocupado por um amigo de Luce, pois, fazendo juntos o serviço, tinham querido morar na cidade uns com os outros. Embaixo, dispunham de uma sala de jantar comum onde comiam todas as noites (...). Emprestava-se uma folha de papel para carta ou (...) biscoitos ingleses para o chá...

Ali, inicia uma vida mais simples, onde o chá é substituído pelo ponche:

(...) Chegaram à casinha onde tinham seu quarto. Empurraram a porta, pegaram suas cartas e subiram para o quarto. Felizmente fazia calor e Jean pediu a Mme Ranvoyzé que mandasse um ponche ao seu quarto a fim de que pudesse oferecê-lo aos outros. – Pode prepará-lo? – Certamente, vou até a mercearia para comprar dois sous *de açúcar. Ainda devo ter um pouco de rum. Vou lhe dar duas laranjas bem maduras. Não é isso? Dará para todos esses senhores.* (Jean Santeuil)

As chamas dessa bebida iluminam um período de felicidade intensa. Longe de Paris e dos salões, Marcel redescobre os reflexos da fornalha, junto à qual Françoise exercia seu ofício; ele encomenda aos pais, admirados, uma grande quantidade de vinhos.

Uma carta de sua mãe, em 1890, dedica um "capítulo" à rubrica "Do uso do vinho":

"Eu combinei na casa a maneira pela qual ele te seria enviado. Só se espera a ordem para a remessa. Mas teu pai intervém com precisão incômoda:

– Que deseja ele? Se é para beber às refeições, será vinho branco, mas ele não pode acrescentar vinho de Espanha à sobremesa: é inconveniente.

– Se ele só pede vinho de Espanha, é para a sobremesa; mas então o que bebe durante a comida?

– É preciso nos entendermos bem antes de mandar algo." (*Correspondência*, tomo I)

Talvez o misterioso "uso do vinho" seja sua transformação em ponche...

O pai, que achava ridícula a mania de trocar Natal por *Christmas*, mais uma vez age como crítico bastante sensato. Mas o jovem recruta se encontra sob o encanto de uma atmosfera alegre e ruidosa, onde se fazem amizades com uma facilidade desconcertante; entrando na carreira militar, ele finalmente tem a impressão de ser como os outros, de participar de uma fraternidade masculina que o entusiasma:

A porta se abriu e Montargis entrou com alegre vivacidade. – Ah! como se está bem aqui – disse-lhe eu. – Achas? – perguntou-me com ar malicioso. – Oh, sim – respondi, quase com lágrimas nos olhos, na felicidade do repouso, ai de mim, tão efêmero que esse bem-estar propiciara à minha inquietude. – Então gostarias mais de jantar e dormir aqui a meu lado, em vez de ir para o hotel. – Oh, Charles, tu és cruel – disse-lhe. – Pareceria tão bárbaro que fosse proibido, se soubessem o que vou sofrer lá. – Pois bem, tu me lisonjeias, pois, justamente antes de sabê-lo, tive a ideia de que preferirias ficar aqui esta noite. E foi isto que pedi ao capitão. – E ele aceitou – exclamei. – Sem nenhuma dificuldade. Agora, deixe-me chamar meu ordenança para que preparem teu jantar. – Uma hora depois, servidos por dois soldados que respondiam "sim, quartel-mestre" a cada ordem de Charles, e se mostravam tão intimidados pela minha presença que quase deixaram cair várias vezes o *prato, comíamos perdizes excelentes, cozidas com cuidado especial para um amigo do senhor marquês pela dona da cantina, bebendo champanhe Clicquot.* (O caminho de Guermantes, *esboço XV*)

Essas libações consagram uma conivência entre os homens, que coloca o herói em um estado de enternecimento incompreensível para os outros:

Robert, sem atinar com o motivo, estava comovido com a minha emoção. Esta, aliás, aumentava com o bem-estar causado pelo calor do fogo e pelo champanhe que, ao mesmo tempo, orvalhava de gotas de suor a minha testa e de lágrimas os meus olhos: ele regava perdizes; eu as comia com o *encanto de um profano qualquer, quando encontra, numa certa existência que não conhecia, aquilo que achara incompatível com ela (por exemplo, um livre-pensador preparando um jantar requintado num presbitério).* (O caminho de Guermantes)

Quartel de Coligny, do 76º Regimento de Infantaria, 1890-1891, faubourg Bannier, em Orléans.

Quando as mulheres existem nesse mundo, não passam de criadas com quem podemos nos divertir por alguns luíses:

... Lembrei-me de Doncières, onde todas as noites eu ia encontrar Robert no restaurante, e as saletas de jantar esquecidas. Recordei-me de uma na qual jamais voltara a pensar e que não era no hotel em que Saint-Loup jantava, mas em outro, bem mais modesto, intermediário entre hospedaria e pensão familiar, e onde a gente era servida pela dona do estabelecimento e uma das criadas (...). A neve me fizera parar ali. Além disso, Robert naquela noite não deveria jantar no hotel e eu não quisera ir mais longe. Levaram-me os pratos para cima, a uma saleta toda revestida de madeira. A lâmpada se apagou durante o *jantar, e a criada me acendeu duas velas. Eu, fingindo que não via muito bem ao estender-lhe meu prato, enquanto ela servia batatas, agarrei-lhe o antebraço como para guiá-la. Vendo que não o retirava, acariciei-o depois, sem dizer uma só palavra, puxei-a toda para mim, soprei a vela e disse-lhe que me bolinasse se quisesse algum dinheiro.* (O caminho de Guermantes)

Iguarias resistentes substituíram os menus evanescentes de Odette, e o apaixonado *petrificado* se metamorfoseia em um jovem divertido e audacioso.

A descrição luminosa de uma rotisseria lembra os sólidos banquetes festivos dos antigos cavaleiros.

No pátio, que dava para cozinhas que se avermelhavam, e onde giravam frangos enfiados no espeto e se assavam porcos, um rapaz corria segurando pelo pescoço uma gansa que se debatia; ao passo que, no grande refeitório, quando cheguei, era em algum festim de Caná que fazia pensar o número de frangas cevadas, de peixes, de faisões, que, trazidos bem fumegantes por meninos sem fôlego, eram imediatamente degolados sobre o enorme aparador. (O caminho de Guermantes, *esboço XV*)

A explosão do desejo conforma o ser às forças da natureza; degustar ostras é *comungar com a vida do mar*:

Desde as ostras, acompanhadas de Sauternes, *que em geral principiavam o jantar, e em cuja rude e enegrecida pia de água benta gótica – revestida no fundo de sua taça de uma delgada lâmina de nácar – eu tomava algumas gotas de água salgada em comunhão com a vida do mar... sentia-me sob o encanto desses jovens inteligentes que, em sua amabilidade, como jamais encontrara igual, pareciam ter se tornado, de súbito, amigos meus...* (O caminho de Guermantes, *esboço XV*)

Aventuras amorosas ancilares e ágapes rústicos se unem em um grande quadro, digno de Breughel. Apoteose dessa estada em Doncières, a preparação de festas pagãs e hibernais dá ao *café do Loiret* o colorido de uma quermesse flamenga. Mas as chamas de uma forja digna de Vulcano lembram a efervescência da cozinha de Françoise e o fogo criador de Combray:

... E, justamente no hotel em que eu tinha encontro marcado com Saint-Loup e seus amigos e para onde as festas que começavam atraíam muita gente da vizinhança e estranhos, havia, enquanto eu atravessava diretamente o pátio que dava para cozinhas avermelhadas onde giravam frangos no espeto, onde se assavam porcos, onde lagostas ainda vivas eram atiradas naquilo que o hoteleiro chamava de "fogo eterno", uma grande afluência (digna de algum "Recenseamento em Belém", como os que eram pintados pelos velhos mestres flamengos) de pessoas que chegavam em grupos no pátio, indagando ao patrão ou a um de seus ajudantes ... onde poderiam ter quarto e comida, enquanto um garçom passava segurando pelo pescoço uma ave que se debatia. (O caminho de Guermantes)

Nesse afresco bíblico, o *cozinheiro escultor*, cinzelando todos os dias, no gelo e através do fogo, os animais ou personagens em que se apoiam as sobre-

À esquerda:
"... uma grande afluência (...) digna de algum Recenseamento em Belém, *como os que eram pintados pelos velhos mestres flamengos..."*
Peter Bruegel, Recenseamento em Belém, *Museus Reais de Belas-Artes, Bruxelas.*

Na página ao lado:
"Minha emoção... aumentava com o bem-estar causado pelo calor do fogo e pelo champanhe... Robert regava as perdizes; eu as comia com o encanto de um profano..."

mesas, é a réplica flamejante do *Miguel Ângelo* de Combray; sua obra brota do choque paradoxal do ferro em brasa com o gelo.

No pátio do hotel de Doncières, o escritor está no limiar de uma gênese que deve conciliar duas coisas bastante opostas: a solidão do narrador diante da grande sala de jantar e o movimento incessante, a exuberância prodigiosa da realidade. O balé dos criados e o acúmulo de iguarias nas mesas representam um mundo sensível, fugaz e cheio de vida. Marcel, de início aturdido com a violência das cores e o tumulto da multidão, logo distingue uma *preocupação estética* por trás dessa desordem aparente; trata-se de *exibir* o *brilho da festa*, mais do que satisfazer o apetite dos que jantam. É preciso saber compor um quadro com as inúmeras peças de caça sacrificadas e esbanjadas:

E, na grande sala de jantar que atravessei no primeiro dia, antes de alcançar a pequena peça onde me esperava o meu amigo, era igualmente numa refeição do Evangelho, figurado com a ingenuidade dos tempos de outrora e o exagero da Flandres, que fazia pensar o número de peixes, de frangas cevadas, de tetrazes, de galinholas, de pombos, trazidos, enfeitados e fumegantes, por garçons sem fôlego que deslizavam pelo chão encerado para ir mais depressa, e de pô-los sobre o imenso consolo, onde logo eram trinchados mas onde – pois muitas das refeições já estavam acabando quando eu chegara – ficavam empilhados

JANTAR DE RAPAZES

Ostras de Cancale
Perdiz ao champanhe
Marreco com airelas
Purê de castanhas
Batatas na brasa
Frutas cristalizadas
Ponche

inutilmente; como se sua profusão e a precipitação daqueles que os traziam respondessem, muito mais que aos pedidos dos fregueses, ao respeito ao texto sagrado escrupulosamente seguido em sua letra, mas ingenuamente ilustrado por detalhes reais tomados de empréstimo à vida local, e à preocupação estética e religiosa de mostrar aos olhos o brilho da festa pela profusão de virtualhas e pela pressa dos empregados. Um dentre eles, na extremidade da sala, sonhava, imóvel, ao lado de um guarda-louças; e, para indagar àquele, que parecia ser o único com tranquilidade suficiente para me responder, em que peça fora preparada a nossa mesa, avançando por entre os fogareiros acesos aqui e ali, a fim de impedir que se resfriassem os pratos dos retardatários – o que não impedia que no centro da sala estivessem as sobremesas erguidas nas mãos de um enorme boneco a que às vezes serviam de suporte as asas de um pato de cristal, ao que parecia, mas na realidade feito de gelo, cinzelado diariamente a ferro em brasa por um cozinheiro escultor, no melhor gosto flamengo –, eu seguia reto, arriscando-me a ser derrubado pelos outros, na direção desse empregado, no qual julguei reconhecer um personagem tradicional nesses temas sagrados e de quem reproduzia escrupulosamente o rosto achatado, ingênuo e maltraçado, a expressão sonhadora, já meio presciente do milagre de uma presença divina de que os outros ainda não haviam suspeitado. Acrescentemos que, em virtude sem dúvida das festas próximas, a essa figuração se juntou um suplemento celeste inteiramente recrutado dentre um pessoal de querubins e serafins. Um jovem anjo músico, de louros cabelos emoldurando um rosto de quatorze anos, na verdade não tocava nenhum instrumento, mas devaneava diante de um gongo ou de uma pilha de pratos, ao passo que anjos menos infantis se apressavam através dos espaços desmesurados da sala, agitando o ar com o frêmito incessante dos guardanapos que desciam ao longo do corpo em forma de asas pontiagudas de primitivos. Fugindo dessas regiões mal definidas, veladas por uma cortina de palmas, onde os servidores celestiais pareciam, de longe, dar a impressão de chegarem do empíreo, abri caminho até a saleta onde ficava a mesa de Saint-Loup. (O caminho de Guermantes I)

Doncières é onde se dá uma revelação amorosa inconfessável, situada em uma atmosfera de ceias entre homens e anjos ambíguos emergindo das cozinhas. É também o momento em que se forja, nas chamas da fornalha entrevista, o temperamento de um escritor. Possuído por seus desejos, ele avança, sozinho, cercado pelas chamas dos braseiros, em direção a um duplo mistério, do qual pressente e teme a crueldade. Para conjurar os encantos vedados *dessas regiões mal definidas* e subjugar o espetáculo do mundo, é preciso traçar um caminho, laboriosamente, até o refúgio em um lugar afastado. Lá, enfim, poderemos degustar os pratos purificados pelas chamas, perdizes flambadas com champanhe, carnes grelhadas e aves de caça assadas, sem nos esquecermos da *lagosta flambada no fogo eterno*, que, comparada à de Mme Swann, servida *à americana*, parece bem artificial... Doncières, no itinerário gastronômico de *Em busca do tempo perdido*, é um paraíso com gosto ardente, lugar de prazer e perdição.

"Dos quinze aos vinte e cinco anos, Marcel Proust aprendeu com os grandes mestres do Louvre a 'ver o mundo com os olhos do outro'. 'A vida oculta das naturezas mortas' e a beleza das refeições cotidianas lhe são reveladas por Chardin: 'Em cima do aparador, onde, desde as pregas marcadas da toalha meio levantada até a faca colocada de lado, excedendo toda a lâmina, tudo conserva a lembrança da pressa dos empregados, tudo dá testemunho da gula dos convivas. A fruteira ainda gloriosa, mas já despojada como um pomar de outono, é coroada no alto por pêssegos carnudos e rosados como querubins, inacessíveis e sorridentes como os imortais. Um cão que ergue a cabeça não os pode alcançar, tornando-os mais apetecíveis por serem verdadeiramente apetitosos...'"
Jean-Baptiste Chardin, O bufê, *Museu do Louvre, Paris.*

Em Paris e em La Raspelière

As quartas-feiras de Madame Verdurin

Da esquerda para a direita:

Ilustração de Madeleine Lemaire para "Um jantar na cidade", texto da compilação de Marcel Proust, Os prazeres e os dias, *publicado em 1896. O autor é o que está de frente.*

"Madame Verdurin não dava 'jantares', mas tinha 'quartas-feiras'. As quartas-feiras eram obras de arte..."

"A dona da casa, que vai sentar-me a seu lado, me diz amavelmente ter enfeitado a mesa nada menos que com crisântemos japoneses, dispostos em jarros que seriam raríssimas obras-primas, um deles feito de um bronze sobre o qual as pétalas de cobre avermelhado pareceriam o vivo desfolhar da flor."

Com o *pequeno clã* dos Verdurin, Marcel Proust põe em cena outra categoria de personagens da vida mundana de sua juventude: as grandes anfitriãs, as primeiras que o receberam em um determinado "mundo" e, de certa forma, lançaram o "pequeno Proust". Com seu círculo de *amigos fiéis*, artistas, eruditos, sábios, elas reinam na Paris das artes e das letras, "fazem" os acadêmicos, defendem Wagner e a arte "moderna", têm o "dia" delas e aliam o requinte da mesa à reputação do salão. Esse jovem amável e instruído, que é louco por literatura, publica em 1896 – com muito esforço – sua primeira obra, *Os prazeres e os dias*, cujo título original seria "O castelo de Réveillon". Reunido em um volume suntuoso, com prefácio de Anatole France e ilustrado por aquarelas de Madeleine Lemaire, os textos curtos de Marcel Proust serão considerados superficiais por alguns de seus raros leitores; essa publicação dará a Proust uma reputação de esnobismo, mundanidade e vaidade.

Na obra *Em busca do tempo perdido*, os Verdurin ocupam uma posição estratégica. Estão ligados, ao mesmo tempo, à primeira intriga amorosa do romance – a de Swann e Odette – e à aprendizagem literária do herói. É sempre em torno de mesas suntuosamente servidas que a comédia dos sentimentos dos personagens e o destino artístico de seu criador são representados.

Os Verdurin não convidavam para jantar: sempre havia, na casa deles, um "lugarzinho à mesa". Para o sarau, não havia programa. O jovem pianista tocava, porém só se "lhe desse na telha", porque ninguém era forçado a nada, como dizia M. Verdurin: "Tudo para os amigos, vivam os camaradas!" (...)

Era proibida a casaca porque estavam entre "camaradas" e para não ficarem parecidos com os "maçantes", dos quais fugiam como da peste, e que só eram convidados nas grandes recepções, dadas o mais raramente possível e apenas se poderiam concorrer para tornar conhecido o músico

ou agradar o pintor. No resto do tempo, contentavam-se em representar charadas, em cear com trajes à fantasia, mas entre si, sem incorporar nenhum estranho à "rodinha". (No caminho de Swann)

Enquanto Odette, que se tornou Madame Swann, incorpora a anglomania, o grupo Verdurin é atacado pelo japonismo; a arte do Extremo Oriente, colocada na moda por críticos, como os irmãos Goncourt, e por exposições na escola de Belas-Artes, de fato, faz furor na época em que se desenrola *Um amor de Swann.* Durante o jantar, ao qual Swann é convidado, a conversa é alimentada pela *salada japonesa* de Alexandre Dumas filho:

Mme Cottard, que era modesta e pouco falava, se tornava desembaraçada quando uma feliz inspiração lhe sugeria uma frase correta. Sentia que faria sucesso, o que lhe dava confiança, e o que fazia então era menos para brilhar do que para ser útil à carreira do marido. Assim, não deixou escapar a palavra "salada", que Mme Verdurin acabava de pronunciar.

– Não será a salada japonesa? – disse baixinho, voltando-se para Odette.

E encantada e confusa com a oportunidade e a audácia de fazer desse modo uma alusão discreta, porém clara, à nova e estrondosa peça de Dumas, desatou num riso encantador de ingênuos, pouco ruidoso, mas tão irresistível que ficou alguns instantes sem poder dominá-lo. – Quem é essa senhora? Ela tem espírito – indagou Forcheville.

– Não, não é salada japonesa. Mas prepararemos uma, se vierem todos jantar na sexta-feira.

– Vou parecer-lhe muito provinciana, senhor – disse Mme Cottard a Swann –, mas ainda não vi essa famosa Francillon *da qual todos falam. (...) No entanto, devo confessar que me sinto desatualizada, pois em todos os salões a que compareço, só se fala naturalmente dessa infeliz salada japonesa. A gente começa a ficar até um tanto cansada disso – acrescentou ela, vendo que Swann não se mostrava tão interessado como ela supunha diante de tão candente atualidade. – É preciso confessar, entretanto, que isto às vezes serve de pretexto a ideias bem divertidas. O caso é que uma de minhas amigas, que é bastante original, apesar de ser mulher muito bonita, e muito requestada, muito na moda, diz ter mandado fazer em casa a tal salada japonesa, mas com tudo o que Dumas filho indica na peça. Convidou algumas amigas para experimentá-la. Infelizmente eu não estava entre elas. Porém depois ela me contou; parece que saiu uma coisa horrível, ela nos fez rir até às lágrimas. Mas o senhor sabe, é tudo uma forma de contar – disse ela, vendo que Swann mantinha um ar grave.*

E supondo que fosse porque Swann talvez não gostasse de Francillon*:*

– De resto, acho que vou ter uma decepção. Não creio que a peça valha Serge Panine*, o ídolo de Mme de Crécy. Ao menos este traz um assunto que tem fundo, que faz refletir; mas dar uma receita de salada em pleno palco do Théâtre-Français!* (No caminho do Swann)

A *salada japonesa* não distrai Swann; ele está completamente absorvido por Odette, que vê pela primeira vez nesse meio "artista", ou que assim se pretende.

O "gênero artista", lançado pelos irmãos Goncourt, desabrocha na confusão heteróclita da "água-furtada" de Auteuil, onde se reúnem os amigos literatos que ditarão o que é a arte e a apreciarão como especialistas. Na geração seguinte, é no ateliê de Madeleine Lemaire, em sua pequena casa na rua Monceau, onde se esbarram os "camaradas", grandes nomes da arte e da aristocracia que ali frequentam a ralé, que Proust "esboça" suas "cenas de costumes" do círculo Verdurin. Swann, eco de Proust nesse meio, interroga um dos convivas, um pintor:

Este, de fato, fora de tarde visitar a exposição de um artista, amigo de Mme Verdurin, recentemente falecido, e Swann queria saber por intermédio dele (pois apreciava o seu gosto) se de fato havia nessas últimas obras mais do que o incrível virtuosismo que já assombrava nas anteriores.

– Sob este aspecto era extraordinário, mas não me parecia uma arte, conforme se diz, muito "elevada"– disse Swann sorrindo.

– Elevada... ao pináculo da fama – interrompeu Cottard, erguendo os braços com gravidade fingida.

Toda a mesa rebentou de riso.

– Quando eu dizia que a gente não pode ficar séria com ele – disse Mme Verdurin a Forcheville. – No momento em que menos se espera, lá vem ele com uma das suas.

Mas reparou que Swann fora o único a não ter rido. Aliás, ele não estava nada contente que Cottard gracejasse às suas custas diante de Forcheville. Mas o pintor, em vez de responder de modo que interessasse a Swann, o que provavelmente teria feito se estivessem a sós, preferiu fazer-se admirar pelos convivas com uma tirada sobre a habilidade do mestre falecido.

– Aproximei-me daquela coisa – disse ele – para ver como era feita, e meti o nariz. Qual! Não se podia dizer se era feito com cola, com rubis, com sabão, com bronze, com sol ou com meleca!

– Onze e um doze – exclamou o doutor um pouco tarde demais; sua interrupção não foi entendida por ninguém.

– Não se parece com nada – prosseguiu o pintor –, mas é tão impossível descobrir o truque quanto em A ronda ou Os regentes, e é ainda mais forte do que em Rembrandt ou Hals. Juro que ali existe de tudo. (...)

"Henri: *Gostaria de ter a receita da salada que comemos esta noite. Parece que foi criada pela senhorita.* Annette: *A salada japonesa.* Henri: *É japonesa?* Annette: *Eu a chamo assim.* Henri: *Por quê?* Annette: *Para que ela tenha um nome. Agora tudo é japonês.* Henri: *Foi a senhorita que a inventou?* Annette: *Exatamente. Gosto muito de cozinhar.*"

Alexandre Dumas filho, Francillon, *primeiro ato, cena II, 1887.*

JANTAR DE MADAME VERDURIN

Salada "Francillon"
Senhoritas de Caen grelhadas no fogo eterno
Linguado à normanda
Salada
Musse de morango

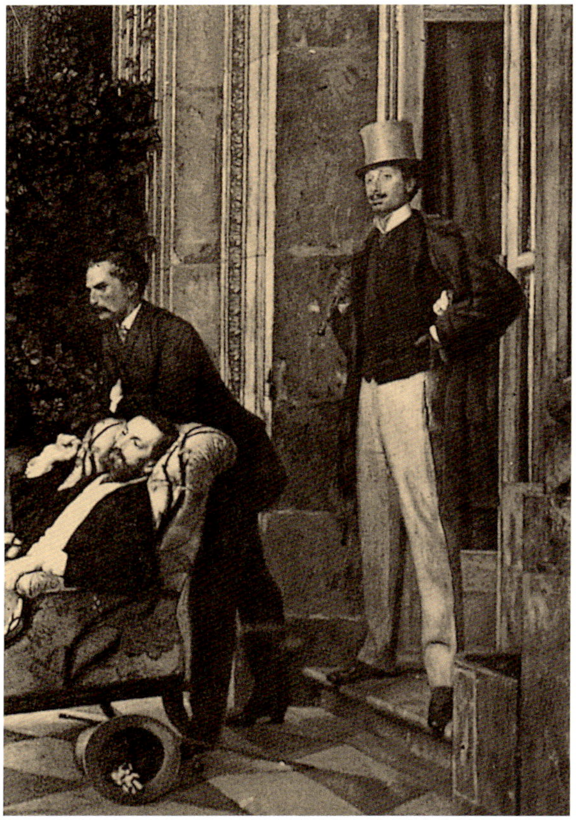

"E todavia, caro Charles Swann, que conheci tão pouco... Se a respeito do quadro de Tissot, que representa a sacada do círculo da rua Royale, onde você está com Galliffet, Edmond de Polignac e Saint-Maurice, fala-se tanto de você, é porque veem que existem alguns traços seus na personagem de Swann."
J. Tissot, A sacada do círculo da rua Royale, *1868. Detalhe: Charles Haas (em pé), modelo de Swann.*

– Aquilo cheira bem, sobe à cabeça, corta a respiração, dá coceiras, não há modo de saber de que é feito, é obra de um bruxo, é velhacaria, é um milagre (desatando a rir): é desonesto! – E, parando, erguendo a cabeça com gravidade, assumindo um tom de baixo profundo que tentou fazer harmonioso, acrescentou: – E é tão leal!

Salvo no momento em que dissera: "mais forte que A ronda*", blasfêmia que provocara um protesto de M*[me] *Verdurin, que considerava* A ronda *a maior obra-prima do universo junto com a* Nona *e a* Samotrácia*, e o seu "feito com meleca", que fizera Forcheville lançar um olhar pela mesa para ver se aquele termo passava, e em seguida esboçara um sorriso indulgente e conciliador, todos os convivas, à exceção de Swann, haviam pregado no pintor os olhos fascinados pela admiração.* (No caminho de Swann)

A atitude de Swann é desastrosa: quase lhe custa a amizade da *Anfritriã*, que não gosta de pessoas maçantes. O *único judeu do Jóquei Clube* terá dificuldades em ser aceito pelo *pequeno clã*.

Mas será que Swann, assim como Proust, é o único a ter uma atitude crítica em relação ao meio em que "as naturezas artistas", segundo Edmond de Goncourt, se prestam à risada, pois ao se levarem, até mesmo em suas brincadeiras, demasiadamente a sério, esquecem onde está a arte e a verdade? Do mesmo modo, o discurso do pintor faz com que os convivas se esqueçam do conteúdo de seus pratos:

– Mas não, não é blague – disse o pintor, encantado com seu sucesso. – Parece achar que estou me exibindo, contando vantagem; vou levá-la à exposição para que veja, dirá se fui exagerado; aposto o meu ingresso como voltará mais entusiasmada que eu.

– Mas nós não achamos que esteja exagerando, queremos apenas que o senhor coma, e que meu marido coma igualmente, sirva de novo o linguado normando ao senhor, está vendo que seu prato já esfriou. Não estamos tão apressados, você serve como se a casa estivesse incendiada; espere um pouco para trazer a salada. (No caminho de Swann)

Madame Verdurin faz ouvir a voz da razão: o linguado normando, bastante valorizado na cozinha do século XIX, alia o sabor da província à tradição gastronômica. A "salada Francillon" talvez seja uma atração nova para o próximo jantar, mas não pode rivalizar com as receitas já experimentadas. Mme Verdurin afirma sua "natureza artista" por seu apego às belezas do passado:

Odette fora sentar-se num canapé forrado de tapeçaria, perto do piano:

(...) – Que belo Beauvais – disse Swann antes de se sentar, querendo ser amável.

– Ah, fico satisfeita que aprecie meu canapé – respondeu Mme Verdurin. – Previno-lhe desde já que, se quiser ver outro tão bonito, pode ir desistindo. Nunca fizeram nada igual. (...) Só os pequenos frisos das bordas, veja só! E as folhinhas de parra em fundo vermelho de O urso e as uvas. *Não é bem desenhado? Que me diz o senhor, acho que eles é que sabiam desenhar! Não são apetitosas estas vinhas? Meu marido afirma que não gosto de frutas porque como menos frutas que ele. Mas não, sou mais gulosa que os senhores todos, mas não preciso pô-las na boca, pois desfruto-as com os olhos. De que é que estão todos rindo? Perguntem ao doutor, ele lhes dirá que essas uvas me deixam indisposta. Outros fazem temporadas de cura em Fontainebleau, mas eu faço a minha pequena cura de Beauvais.* (No caminho de Swann)

Sem dúvida por causa de uma hipersensibilidade que faz com que sofra "enxaquecas consecutivas" ao ouvir Wagner, ou destronque – literalmente – o queixo de tanto rir, Madame Verdurin acha elegante preferir a simples contemplação de um objeto de arte ao consumo de alimentos terrestres. Ela alimenta seus convivas, reservando-se o prazer espiritual: *ela desfruta o prazer com os olhos.*

O círculo Verdurin é um pastiche do "meio artista", gênero em que Proust se sobressaiu no começo de sua carreira literária. Em *O tempo recuperado*, última etapa de *Em busca do tempo perdido*, o escritor faz aparecer, em *trompe-l'œil*, na sua própria criação, um fragmento imaginário do *Diário* dos irmãos Goncourt, crônica que, de fato, foi publicada por eles. Mas Proust imagina Edmond de Goncourt relatando um jantar... na casa dos Verdurin. Essas páginas fictícias, destinadas a servir de garantia realista a seres completamente fictícios, são escritas no "estilo artista" que se desenvolve através do ensaio sobre o gravador Hokusai que Edmond de Goncourt publicou em 1896:

"E a perfeição empregada nesses pentes! Aqui, esta sementeira de pétalas de flores, ali, essa camada de íris, lá o engrinaldamento por uma campainha, acolá, o coroamento por uma flor de nenúfar. E o alçar em voo rápido dos grous, e bandos de patos mandarinos, e batalhas de pardais..."

Entregando-se a esse pastiche, Marcel Proust destaca o quanto a mesa dos Verdurin é artificial, pois o acúmulo de detalhes decorativos dissimula o que deveria ser a verdade substancial do jantar: os pratos servidos.

O conteúdo, apenas evocado, em uma simplicidade que é um refinamento a mais, desaparece no cenário invasor:

A dona da casa, que vai colocar-me a seu lado, me diz amavelmente ter ornado a mesa nada menos que com crisântemos japoneses, mas crisântemos dispostos em vasos que seriam raríssimas obras-primas, um deles feito de um bronze sobre o qual pétalas de cobre avermelhado pareceriam ser o vivo desfolhar da flor. Lá estavam Cottard, o médico, sua esposa, o escultor polonês Viradobetski, o colecionador Swann, uma corpulenta senhora russa, uma princesa cujo nome terminado em ov *não me lembro (...).*

Sentamo-nos à mesa, e foi então um extraordinário desfile de pratos que certamente são obras-primas da arte do porcelaneiro, arte sobre a qual, durante um banquete requintado, a atenção deleitada do amador escuta,

complacentemente, a tagarelice do artista: pratos de Yung-Tsching, desde a cor de capuchinha nos rebordos, ao tom azulado, ao túrgido desfolhamento de seus íris aquáticos, à travessia verdadeiramente decorativa, pela aurora, de um voo de martins-pescadores e de grous, aurora dotada inteiramente desses tons matinais que entrevejo diariamente no boulevard Montmorency, ao despertar – pratos de Saxe, mais frívolos na forma graciosa de fazê-los, no adormecimento e na anemia de seus tons róseos tirantes a violeta, no recorte borra-de-vinho de uma tulipa, no rococó de um cravo ou de um miosótis – pratos de Sèvres, entreliçados pelos guilhochês de suas caneluras brancas, verticiladas de ouro, ou que enlaça, sobre o achatado cremoso da pasta, o galante relevo de uma fita de ouro – enfim, toda uma prataria onde correm esses mirtos de Luciennes que a Dubarry reconheceria. E o que é talvez igualmente raro é a qualidade verdadeiramente notável das coisas servidas neles, um manjar finamente preparado, um cozido como os parisienses, é bom proclamá-la em voz alta, nunca tiveram nos maiores jantares, e que me recorda certos grandes cozinheiros de Jean d'Heurs. Até o patê de fígado não tem qualquer relação com o creme insípido que servem habitualmente com esse nome, e eu não conheço muitos lugares em que a simples salada de batatas é feita assim com batatas que têm o vigor de botões de marfim japoneses, a pátina dessas colherinhas de marfim com as quais os chineses derramam água sobre o peixe que acabam de pescar. Neste copo de Veneza que tenho à minha frente, uma rica joalheria de tons rubros é colocada por um vinho léoville *extremamente ordinário, comprado no estabelecimento de M. de Montalivet, e é um divertimento para a imaginação do olhar, e também, não receio dizê-lo, para a imaginação do que antigamente se chamava goela, ver trazer um linguado que nada tem dos linguados não frescos servidos às mais luxuosas mesas e que assumiram, no atraso da viagem, o molde das espinhas em seu dorso, um linguado que é servido não com a cola pastosa que preparam, com o nome de molho branco, tantos cozinheiros de grandes restaurantes, mas com o verdadeiro molho branco feito com manteiga a cinco francos a libra, e de ver surgir esse linguado num maravilhoso prato Tching-Hon atravessado pelos raios purpurinos de um pôr de sol sobre o mar onde nada de forma engraçada um bando de lagostas com seu pontilhado grumoso tão incrivelmente reproduzido que parecem moldadas em carapaças vivas, prato cujo bordo interior é composto por um chinesinho pescando à vara um peixe que é um encanto de tons nacarados, devido à prata azulada do ventre.* (O tempo recuperado)

Mas enquanto Mme Verdurin encontra prazer no artifício, seu marido não perde o gosto pelas coisas simples. A dona da casa confidencia, suspirando, a Edmond de Goncourt:

"Como! Diz que M. Rouart é um homem de bom gosto? Mas olhe esses móveis, essas tintas, como no consultório de um dentista... As paredes são cor de ameixa, os estofados cor de chocolate, e esses lampadários dourados."

Como confesso a Verdurin o delicado prazer que devem ser para ele esses requintados acepipes nessa coleção como nenhum príncipe possui atualmente em suas vitrines: "Bem se vê que o senhor não o conhece", observa melancolicamente a dona da casa. E me fala de seu marido como de um maníaco original, indiferente a todas essas belezas, "um maníaco", repete, "sim, um maníaco, exatamente isso, um maníaco a quem talvez agradasse mais uma garrafa de sidra, bebida no ambiente um tanto acanalhado de uma fazenda normanda". (O tempo recuperado)

Uma Normandia que, segundo Mme Verdurin, tem tudo de *um parque inglês*, e que seu convidado descreve com exagero na evocação "poetizada" da província onde *um emaranhado de rosas cor de enxofre* decora as abanas camponesas, onde a *incrustação de duas pereiras enlaçadas simula uma tabuleta absolutamente ornamental* e onde se passeia em *verdadeiras florestas de flores de tule rosa.*

Ainda assim, em La Raspelière, o domínio normando que os Verdurin alugam todos os verões, é *o Patrão* que recebe:

Tínhamos entrado na aleia de honra de La Raspelière, onde M. Verdurin nos esperava no patamar. – Fiz bem em pôr o smoking – disse ele, constatando com prazer que os fiéis trajavam o seu – visto que recebo homens tão elegantes. – E, como eu me desculpasse pelo meu jaquetão: – Ora, ora, é perfeito. Aqui são jantares entre camaradas. Eu poderia oferecer-lhe um de meus smokings, mas não lhe serviria. (...) Vamos, meu caro Brichot, largue depressa as suas coisas. Temos uma bouillabaisse *que não pode esperar.*

(...) – Como, ainda estão falando de Dechambre? – indagou M. Verdurin, que nos havia precedido (...). Escute – disse ele a Brichot –, não é preciso exagerar em nada. Não é porque está morto que devemos transformá-lo no gênio que ele não era. Está entendido aqui que ele tocava bem, estava principalmente bem adaptado aqui; transplantado, não existe mais. Minha mulher entusiasmou-se por ele e fez a sua fama. Sabem como ela é. Direi mais, no interesse mesmo de sua reputação ele morreu no momento adequado, no ponto, como as lagostas de Caen, grelhadas conforme as receitas incomparáveis de Pampille, vão sê-lo, espero (a menos que se eternizem com suas jeremiadas neste casbah *aberto a todos os ventos).* (Sodoma e Gomorra)

Como hóspede nessa casa de campo, Marcel apreende melhor que em Paris as motivações profundas dos anfitriões em matéria de arte culinária. Um dos convivas, um *ilustre filósofo norueguês*, irrita a Anfitriã com perguntas que prolongam o jantar:

– Porém devo observar à senhora que se me permito esse questionário, perdão, essa questação – é que amanhã devo voltar a Paris para jantar na Tour d'Argent ou no Hotel Meurice. Meu confrade – francês – M. Boutroux deve nos falar de sessões de espiritismo – perdão, de evocações espirituosas – que ele controlou. – Não é tão bom como dizem, o Tour d'Argent – retrucou Mme Verdurin, irritada. – Cheguei a ter ali uns jantares detestáveis. – Mas estou enganado, o que se come na casa da Senhora não é a mais fina cozinha francesa? – Meu Deus, positivamente não é mau – respondeu Mme Verdurin suavizada. – E, se o senhor voltar na quarta-feira próxima, será ainda melhor. (Sodoma e Gomorra)

Se Mme Verdurin insiste na reputação de sua mesa e serve a seus convidados *uma refeição cuidadosamente preparada*, é mais por vaidade mundana que por gosto pessoal. A comida é requintada, mas com o único propósito de ser elogiada diante de outras anfitriãs, às quais espera causar inveja. A ostentação da louça está de acordo com o desejo de vencer, a qualquer custo, a competição nos salões parisienses. Nenhum dos pratos é apreciado por si mesmo, mas sempre em função do efeito que causará.

Os convidados bajulam essa extravagância chegando ao ponto da caricatura:

– Que coisa de tão lindo tom é essa que estamos comendo? – perguntou Ski. – É uma mousse de morango – respondeu Mme Verdurin. – Mas é des-lum-bran-te. Seria

ACIMA:
"E uma língua de boi ou um presuntinho, um empadão, uma mousse de morango, dando ao jantar... proporções nunca vistas."

PÁGINA AO LADO:
"Não comprara todas as frutas no mesmo local: as uvas no Crapote, por serem sua especialidade, os morangos no Jauret, as peras no Chevet, onde eram mais bonitas etc."

necessário mandar abrir garrafas de Château-Margaux, de Château-Lafite, de vinho do Porto. – Nem sei lhes dizer como isso me diverte; ele só bebe água – observou Mme Verdurin, para dissimular na graça que achava daquela fantasia o pavor que lhe causava essa prodigalidade. – Mas não é para beber – replicou Ski; – encherão todos os nossos copos, trarão maravilhosos pêssegos, enormes pêssegos-carecas: ali diante do sol poente, será luxuriante como um belo Veronese. – Custará quase tão caro – murmurou M. Verdurin. – Mas levem daqui esses queijos tão feios de tom – continuou Ski, tentando retirar o prato do Patrão, que defendeu o seu gruyère *com todas as forças.* (Sodoma e Gomorra)

Somente o *Patrão*, "que defende o seu *gruyère*", não se deixa entusiasmar pelas visões estéticas dos "artistas" sentados à mesa. Prefere um pedaço de queijo à contemplação exaltada de uma natureza-morta de frutas vermelhas ao crepúsculo. Nessa sociedade que inverte incessantemente os valores e confunde o original com o autêntico, ele mantém o bom senso camponês, que faz com que goste da sidra e escolha os produtos de qualidade irrepreensível para a satisfação do *que antigamente se chamava de goela* e não da imaginação.

Na obra *Em busca do tempo perdido*, a província não se opõe às ostentações mundanas da capital. Ela as completa e aprofunda. Ela é a fonte etimológica da obra. Terra onde se enraízam os velhos nomes que fazem sonhar e onde encontramos homens admiráveis, como o deão de Doville, guardião de uma erudição verdadeira (que permanece enigmática aos ouvidos excessivamente habituados ao ti-ti-ti dos jantares na cidade), e capaz de deliciar seus convidados com o prato mais simples (porém mais difícil de preparar): batatas fritas.

... Perguntei a Brichot se sabia o que significava Balbec. – Balbec é provavelmente uma corruptela de Dalbec – disse ele. – Seria preciso consultar as cartas dos reis da Inglaterra, suseranos da Normandia, pois Balbec era dependente da baronia de Douvres, devido a que dizia-se muitas vezes Balbec d'Outre-Mer, Balbec-en-Terre. (...) Foi o que me explicou o deão de Doville, homem calvo, eloquente, quimérico e gourmet, que vive na obediência a Brillat-Savarin, e me expôs incertas pedagogias com termos um tanto sibilinos, enquanto me fazia comer admiráveis batatas fritas. (Sodoma e Gomorra)

De Réveillon a Guermantes

A aristocracia

Da esquerda para a direita:
A condessa Henri Greffulhe, nascida Élisabeth de Caraman-Chimay (1860-1952). Um dos modelos da duquesa de Guermantes fotografada por Paul Nadar, em 30 de maio de 1895.

"Sobre a mesa, nos quatro cantos, tufos azuis de cabelos-de-vênus, e no centro zínias cor-de-rosa, amarelas e malva, bocas-de-lobo, cravos-da-índia, trazidos por Mlle de Réveillon do seu passeio pelo parque, conservavam... até nessa sala fechada, essa doçura rara de tom..."

De Réveillon (Seine-et-Marne) a Guermantes (Seine-et-Marne) são poucos os quilômetros que Marcel Proust não chegou a percorrer. De fato, apesar de ter-se hospedado em Réveillon, na casa de seu amigo Reynaldo Hahn, por alguns dias no outono de 1895, ele *sonhava* apenas com Guermantes, que o herói de *Em busca do tempo perdido* associa, com o duque e a duquesa, ao *mistério da época merovíngia*, impregnado, *como em um pôr do sol, da luz alaranjada que emana da sílaba "antes"*. Como seu herói, Marcel Proust pode dizer: *Nunca ao passearmos no caminho de Guermantes pudemos ultrapassar um certo limite, como tanto desejei, e alcançar Guermantes.*

O castelo de Réveillon é, em 1895, o domínio da célebre pintora de flores Madeleine Lemaire, a quem Proust escreve: *Você faz mais que Deus: uma primavera eterna.* Réveillon, em *Jean Santeuil*, constitui uma estada de prazeres rústicos e requintados, onde o herói é hóspede de um duque e duquesa de Réveillon e de seu filho, Henri, de quem é amigo.

Na época em que Proust aí se hospeda, o castelo de Réveillon pertence a Madeleine Lemaire. Ela conserva um roseiral modelo e um viveiro de pavões que são o orgulho de Réveillon.
Madeleine Lemaire, nascida Jeanne-Magdeleine Coll (1845-1928), fotografada por Paul Nadar, em 1891.

Entraram na sala de jantar. Sobre a mesa, nos quatro cantos, tufos azuis de cabelos-de-vênus, e no centro zínias cor-de-rosa, amarelas e malva, bocas-de-lobo, cravos-da-índia, trazidos por Mlle de Réveillon do seu passeio pelo parque, conservavam na vivacidade de suas cores, devida ao seu frescor, brilhosa por causa de um pouco de orvalho que ainda não secara, alegrada pelo sol que vinha do fundo do parque persegui-las até essa sala fechada, essa doçura rara de tom que, sobre o topo da jardineira de porcelana da Saxônia de onde transbordavam, fazia o encanto de uma flor pintada, craveiro bem ereto ou violeta florescente no alto do talo verde e inclinado, e sobre as guarnições brancas da parede, as personagens dos camafeus imóveis, azuis como jacintos ou rosadas como rosas. Mas os ovos quentes já fumegavam por entre as flores frescas. Sentaram-se, e cada um colocou sobre os joelhos um guardanapo cândido como a alegria que brilhava em todos os olhos e que acabava de avivar a descoberta, através da ondulação dourada dos ovos mexidos, de minúsculas flotilhas imperceptíveis de toucinho, meio engolidas, e que cada um se encarregava, com gosto, de salvar do naufrágio. Na verdade, não se tratava de uma descoberta para a duquesa de Réveillon, que nessa manhã dera a ideia ao cozinheiro. Mas por não ter o prazer da descoberta, talvez porque o tivesse do sucesso, não parecia mais zangada. O autor de uma peça que obtém sucesso não tem, como o espectador que ignora ainda o desfecho, os prazeres da curiosidade.

"... Palácio Réveillon, um dos raros da alta nobreza que não se transformaram no palácio banal acima descrito, palácio da alta sociedade... Assim Henri de Réveillon se surpreendia ao ouvir vários esclarecimentos... que cada tapeçaria, cada quadro, cada canto da casa pareciam lhe dar com lições superficiais sobre artes que ele nem imaginava."

Mas os aplausos lhe dão outros que não são de desprezar. E o duque e Henri juntavam os seus aos de Jean. Não era, como para ele, a primeira vez que comiam ovos mexidos com toucinho. Mas o prazer do hábito é muitas vezes ainda mais doce que o da novidade. E uma lagosta à americana, trazida antes para Mlle de Réveillon, que não comia ovos, misturava ao aroma agradável das zínias e das bocas-de-lobo um odor que não tinha como ele um fim em si mesmo, mas que ia completar num instante um ato de posse mais material.

No entanto, mesmo durante o inverno, *se a duquesa não gostava de receber em Réveillon, gostava menos ainda de ficar sozinha. Assim, alguns amigos vinham constantemente se instalar no castelo por alguns dias. Escrevia-se para requisitar os amigos: "Seu quarto azul o espera, Boniface possui agora um fogão para lhe preparar a lebre à alemã como você gosta."*

... Em outubro, enquanto fazia bom tempo, dava-se um passeio antes do jantar, como no verão, por volta das sete horas. (...) Havia alguma coisa de excitante em partir assim, sem ter jantado, quando a noite já descia, e em prolongar o passeio, antes de voltar para jantar, à plena luz da lua, sob as estrelas, no campo adormecido, no silêncio absoluto. (...) Ainda assim era bem bom quando, principiando todos a ter frio e fome, atravessavam de volta a aldeia e percebiam por detrás das árvores do parque as lamparinas no salão e na sala de jantar, e antecipando pela imaginação aquilo que já se encontrava à espera deles, mas que só descobririam dentro de dois minutos, sentiam-se perto do fogo, (...) sob a lâmpada, e a sopa quente que lhes punham no prato e que iam tomar.

Na obra *Em busca do tempo perdido*, o herói não terá outro sonho além dessa "vida de opulência":

Durante o dia inteiro, nesses passeios, eu pudera pensar no prazer que teria se fosse amigo da duquesa de Guermantes, de pescar trutas, passear de barco no Vivonne e, ávido de felicidade, não pedir à vida, nesses momentos, senão que ela se compusesse de uma série de tardes felizes. (No caminho de Swann)

Ele ficará amigo do duque e da duquesa em Paris, depois de se tornar, por acaso, seu vizinho:

Na casa em que tínhamos ido morar, a grande dama do fundo do pátio era uma duquesa, elegante e ainda jovem. Tratava-se de Mme de Guermantes. E, graças a Françoise, depressa consegui informações sobre o palácio. Pois os Guermantes (que muitas vezes Françoise designava pelas expressões "lá embaixo", "os de baixo") eram sua preocupação constante desde a manhã, quando, lançando para o pátio um olhar proibido, irresistível e furtivo, enquanto penteava mamãe, dizia: (...) – Oh, que belos faisões na janela da cozinha, nem é preciso indagar de onde vêm, com certeza o *duque andou caçando ...* (O caminho de Guermantes)

Sempre haverá, na casa dos Guermantes, esse pano de fundo camponês, perfumado e saboroso, que atesta o apego dos aristocratas à terra de seus ancestrais. Enquanto Oriane de Guermantes continua a ser, desde a infância do narrador, *um personagem de lanterna mágica*, o duque e a duquesa surgem como personagens de tapeçarias antigas, sobre um fundo de bosque repleto de animais de caça: para seu apartamento de Paris convergem, como antigamente para a cozinha de Françoise em Combray, as oferendas de seus domínios provincianos.

Longe da afetação "artista" dos Verdurin, o bom gosto dá à mesa dos Guermantes o encanto verdadeiro da cozinha que se tem prazer em oferecer. Tudo é simples e tudo é refinado:

Quanto a M. e Mme de Guermantes, que eram muito gulosos e dispunham de uma cozinha deliciosa, oferecer jantares requintados, mesmo que fosse apenas para uma ou duas pessoas, era uma espécie de função que eles cumpriam várias vezes por semana com extremo prazer, muito luxo, cerimonial e simplicidade. De resto, tal repasto, como o dos primeiros cristãos, era uma espécie de comunhão mística e social, em que eles derramavam, com uma perdiz cozida de

Jean Béraud, A recepção, *coleção particular, Paris.*

acordo com as raras receitas que M. de Guermantes não ignorava, o conhecimento de seu velho amigo, o duque d'Albon, da sobrinha de passagem, S.A. a princesa de Weinbourg, de M. Bréfort, ai, e de muitos outros. Tais apresentações, feitas de tal modo que todos os convidados que chegavam punham os olhos em mim, a conversação familiar que continuava durante a refeição entre todas essas pessoas extremamente bem vestidas, os donos da casa bastante corteses, mas também muito simples e joviais, eram para M. e Mme de Guermantes prazeres da mesma natureza, inseparáveis da mastigação das perdizes e da degustação do château-yquem ... (O caminho de Guermantes, *esboço XXXI*)

Oriane de Guermantes tem aversão a tudo que pareça *distinto* e *original à Anfitriã.* Seu espírito inclina-se a uma conversa *que rejeitava todas e quaisquer frases e expressões pomposas de sentimentos elevados e fazia*

"Um dia – estava a duquesa com um lenço atado à cabeça e um pão na mão – saía quando Jean a encontrou. 'Vou dar de comer a meus pavões. Não vem comigo?', perguntou num tom distraído..."

"O ser que havia renascido em mim quando, com semelhante frêmito de ventura, eu escutara o ruído comum a um tempo à colher que bate no prato e ao martelo que bate na roda, à desigualdade dos passos nas lajes do pátio Guermantes e do batistério de São Marcos etc., tal ser só se nutre da essência das coisas, somente nelas encontra suas delícias e sua subsistência."

com que acrescentasse uma certa elegância, quando estava à mesa com um poeta ou um músico, ao falar somente dos pratos que comíamos ou da partida de carteado que jogaríamos. Marcel Proust demonstra por esse tipo de conversa, tão frequente na sociedade, uma atitude de convidado *pouco informado*, para quem *essa abstenção tinha (...) algo de perturbador que chegava ao mistério (...).* Quem quer que fosse *convidado com um poeta tão famoso, devorado pela curiosidade*, se surpreende ao ouvir a duquesa conversar com este sobre o tempo que está fazendo...

Passavam à mesa. – Gosta desse modo de preparar os ovos? – perguntava ela ao poeta. Diante de sua aquiescência, de que ela compartilhava, pois tudo o que fosse de sua casa lhe parecia delicioso, até mesmo uma sidra detestável que mandava vir de Guermantes: – Torne a servir ovos ao senhor – ordenava ao mordomo, enquanto o terceiro, ansioso, esperava sempre o que o poeta e a duquesa tinham a se dizer, visto que, apesar de mil dificuldades, haviam conseguido uma forma de se ver antes da partida do poeta. Mas a refeição continuava, os pratos eram levados uns após outros, não sem fornecer a Mme *de Guermantes a ocasião de gracejos espirituosos ou de finas historietas. Entretanto, o poeta comia sempre sem que o duque ou a duquesa parecessem lembrar que ele era poeta. E logo o jantar acabava, e as pessoas se despediam sem ter dito uma palavra da poesia que, no entanto, todos apreciavam, mas da qual ninguém falava, devido a uma reserva análoga àquela, da qual Swann me dera a antecipação. Essa reserva era simplesmente de bom gosto. Mas, para o terceiro, se refletisse um pouco a respeito, tinha ela algo de muito melancólico, e as refeições do círculo dos Guermantes faziam então pensar nessas horas que namorados tímidos passam muitas vezes juntos, falando de banalidades até o instante de se separarem, e sem que, seja por timidez, pudor ou falta de jeito, tenham podido passar do coração aos lábios o grande segredo que ficariam tão felizes em confessar.* (O caminho de Guermantes)

ALMOÇO EM RÉVEILLON

Ovos mexidos com bacon
Lagosta à americana
Lebre à alemã
Geleia de rosas e *macarons*

O narrador, ao penetrar no mundo dos Guermantes, tem a impressão de estar próximo a algo de essencial e ao mesmo tempo sente que falta alguma coisa, algo que não consegue definir. Evidentemente, o luxo ostentoso e os desmaios "artistas" de Mme Verdurin de repente parecem ridículos, comparados à reserva elegante mantida pela duquesa. Mas não haverá tanto artifício ao se desdenhar os pratos servidos quanto a se empenhar em falar somente deles? Marcel logo esclarece que a verdade se situa entre a conversa que faz com que os convivas se esqueçam do conteúdo de seus pratos e a que se perde em detalhes das receitas em detrimento de todo o resto. Mas, ao escutar a duquesa, o herói degusta, como à mesa, seu vocabulário.

... saboroso como esses pratos que se podem descobrir nos livros deliciosos de Pampille, mas na realidade tornados tão raros, em que as geleias, a manteiga, os sumos e as almôndegas são autênticos, não comportam nenhuma mistura, e onde até se manda buscar o sal dos pântanos salinos da Bretanha; pelo acento, pela escolha dos vocábulos, sentia-se que o fundamento das conversações da duquesa provinha diretamente de Guermantes. (O caminho de Guermantes)

A autenticidade dos ingredientes da cozinha equivale à autenticidade das palavras na língua. A escolha incomum de um vocabulário que seria considerado "vulgar" pelos esnobes dá o sabor a uma língua que conserva viva a recordação de suas origens. O ritual mundano do jantar assume, então, a dimensão de uma Ceia; ao evoluir ao ápice social que finalmente atingiu, o escritor em potencial tem a intuição do que será sua arte:

Daí em diante eu jamais deveria deixar de ser convidado, mesmo com apenas algumas pessoas, para aquelas refeições cujos convivas eu imaginara outrora como os *Apóstolos da Santa Ceia. De fato, eles se reuniam ali, como os primeiros cristãos, não para partilhar apenas um alimento material, aliás delicioso, mas para uma espécie de Ceia social; de modo que em poucos jantares assimilei o conhecimento de todos os amigos de meus anfitriões, amigos aos quais me apresentavam com um matiz tão acentuado de benevolência (como alguém a quem tivessem preferido paternalmente o tempo inteiro) que não houve um dentre eles que não acreditasse incorrer em falta para com o duque e a duquesa se desse um baile sem me fazer figurar na lista de convidados e, ao mesmo tempo, enquanto bebia um dos Yquems das adegas dos Guermantes, eu saboreava as hortulanas preparadas conforme as diferentes receitas que o duque elaborava e prudentemente modificava.* (O caminho de Guermantes)

A audácia aristocrática da duquesa, da qual os convivas, encantados e chocados, esperam as "palavras", talvez chegasse a defender as novas tendências da arte às quais é iniciada por Swann, um verdadeiro especialista sob a aparência de diletante.

"E uma lagosta à americana, trazida antes para Mlle de Réveillon, que não comia ovos, misturava ao aroma agradável das zínias e das bocas-de-lobo um odor que não tinha como ele um fim em si mesmo, mas que ia completar num instante um ato de posse mais material."

Mas sua liberdade de espírito é moderada pelo bom senso prático do duque, para quem um tostão é um tostão, e um quadro é simplesmente um quadro.

A ousadia das cores ou a escolha do tema torna a pintura de Elstir excessivamente distante da concepção tradicional que eles têm da arte. Ao mesmo tempo que apreciam o homem, *o artista verdadeiramente original* que ousa representar um feixe de aspargos permanecerá incompreensível para eles. Assim acontecerá com Proust e seus modelos do "círculo de Guermantes".

– Sei muito bem que são simples esboços, mas não creio que sejam bastante trabalhados. Swann teve o topete de querer que comprássemos um Molho de Aspargos. *Chegaram a ficar aqui por alguns dias. Não havia outra coisa no quadro, um molho de aspargos precisamente iguais aos que o senhor está comendo. Mas eu recusei-me a engolir os aspargos de M. Elstir. Pedia trezentos francos por eles. Trezentos francos por um molho de aspargos! Um luís, eis o que valem, mesmo quando novos. Achei demais. (...)*

– Creio que o senhor conhece M. Elstir – disse-me a duquesa. – O homem é agradável.

– É inteligente – disse o duque –; a gente se espanta, ao conversar com ele, de que sua pintura seja tão vulgar. (...)

– Ele não tinha principiado um retrato seu, Oriane? – perguntou a princesa de Parma.

– Sim, em vermelho-lagosta – respondeu Mme de Guermantes –, mas não é isso que fará passar seu nome à posteridade. É um horror, Basin queria destruí-lo. (...)

Tendo M. de Guermantes declarado (continuando com os aspargos de Elstir e os que acabavam de ser servidos após o poulet financière*) que os aspargos verdes crescidos ao ar livre, e que, como tão espirituosamente diz o autor refinado que se assina E. de Clermont-Tonnerre, "não possuem a rigidez impressionante de seus irmãos", deveriam ser comidos com ovos, comentou M. de Bréauté: – o que agrada a uns, desgosta a outros, e vice-versa. Na província de Cantão, na China, não nos podem oferecer algo mais refinado que ovos de hortulana completamente podres. (...)*

– (...) Acho encantadora uma terra em que a gente quer estar segura de que o fornecedor nos venda ovos bem podres, ovos do ano do cometa. Imagino-me daqui mergulhando neles um pãozinho com manteiga. Devo dizer que isto acontece na casa de tia Madeleine (Mme de Villeparisis), onde servem coisas apodrecidas, até mesmo ovos (e, como Mme d'Arpajon protestasse): ora, Phili, você sabe disso tão bem quanto eu. O pintinho já está no ovo. (...) Não é uma omelete, é um galinheiro, mas, pelo menos, não vem indicado no cardápio. Você fez bem em não ir jantar lá, anteontem. Havia um rodovalho em ácido fênico! Não parecia um serviço de mesa, mas um serviço de contagiosos. Verdadeiramente, Norpois leva a fidelidade até o heroísmo: ele repetiu! (O caminho de Guermantes)

Esses jantares, em que o espírito "brilha", são pontuados pelas intervenções sábias de Hannibal de Bréauté, apreciadas como curiosidades em um mundo em que é de bom-tom afetar nada saber; "'soum' animal, 'souma' camponesa", proclama de bom grado a duquesa, enquanto durante a sobremesa seu primo lhe informa:

O aroma da baunilha que havia no excelente sorvete que nos serviu há pouco, duquesa, provém de uma planta que tem o mesmo nome.

– Babal, você é divino, você sabe tudo! – exclamou a duquesa. (O caminho de Guermantes)

Enobrecidos pela mesa aristocrática dos Guermantes, os aspargos de Combray se ajustam de diversas maneiras. São o contraponto exaltado dos jantares da infância e participam do pressentimento de uma verdade quase evidente a que, ainda assim, a sociedade dos Guermantes não se permite aceder. O espírito da duquesa se dissipa em "pequenas anedotas" que divertem.

"Assim que autorizou, enviei à duquesa, na sexta--feira passada, uma sábia composição de frutas (digo sábia porque foi combinada por mim; acho que é assim que os autores se acostumaram a falar de suas obras). Ela gostou? Era fácil identificar, pois coloquei, no meio, um feixe de aspargos, legume que admiro, como verá em meu livro, se o ler." (Marcel Proust a Armand de Guiche, 1909.)

ALMOÇO NA CASA DO DUQUE E DA DUQUESA DE GUERMANTES

Aspargos verdes com ovos pochés
Hortulana
Frango à "financière"
Salada
Sorvete de baunilha

Contudo, o autor de *Em busca do tempo perdido* saberá tornar saborosos os pratos, que são as anedotas colhidas ao longo dos jantares na cidade. Ele sabe pôr em cena a verve de Oriane de Guermantes, como no jantar oferecido à princesa de Parma, quando ela zomba da "avareza" de sua prima Zénaide d'Heudicourt. No entanto, ignora que ela mesma dilapida um patrimônio do qual só o narrador percebe o valor inestimável. Mais uma vez é preciso dar a esses ingredientes, *livres de quaisquer impurezas*, um vigor novo e lhes dirigir o olhar de Elstir ao pintar um feixe de aspargos.

(...) – É preciso dizer a Vossa Alteza Real – replicou o duque – que a prima de Oriane é superior, bondosa, gorda, tudo o que quiserem, mas não precisamente, como direi... pródiga.

– Sim, eu sei; ela é bem avarenta – interrompeu a princesa.

– Eu não me permitiria esta expressão, mas a senhora achou a palavra exata. Isto se expressa na administração da casa, mas especialmente na cozinha, que é excelente, mas contida. (...) De resto é preciso reconhecer que o passadio ali é perfeito (...) Não conheço casa onde melhor se coma.

– Nem menos – acrescentou a duquesa.

– É muito saudável, e o bastante para o que se chama um plebeu vulgar feito eu – continuou o duque –; a gente fica com fome.

– Ah, como dieta é de fato mais higiênico do que opulento. (...) Na casa de Zénaide, a cozinha não é ruim, mas poderiam achá-la mais a contento se ela não fosse tão parcimoniosa. Há umas coisas que o cozinheiro-chefe produz bem, mas há outras coisas em que ele falha. Já tive ali, como em toda parte, jantares horríveis; mas me fizeram menos mal do que em outro lugar, porque o estômago, no fundo, é mais sensível à quantidade que à qualidade.

– Enfim, para acabar – concluiu o duque –, Zénaide insistia para que Oriane fosse almoçar, e, como a minha mulher não gosta muito de sair de casa, resistia, e procurava saber (...) "– Vem, vem – insistia Zénaide (...). Hás de comer um purê de castanhas, digo só isto, e haverá sete pequenas bouchées à la reine.

– Sete bouchées, *gritou Oriane. – Então é que seremos no mínimo oito!"* (O caminho de Guermantes)

Marcel Proust (ao fundo, no centro) em Amphion, na casa da princesa Brancovan.
Na 1ª fila: a princesa de Caraman--Chimay e Abel Herman; na 2ª fila: Mme de Montegnard, a princesa de Polignac e a condessa Mathieu de Noailles; na 3ª fila: o príncipe Edmond de Polignac, a princesa Brancovan, Marcel Proust, Brancovan, Mme X e Léon Delafosse.

"As rosas de Réveillon... sobre o topo da jardineira de porcelana da Saxônia de onde transbordavam... e sobre as guarnições brancas da parede, as personagens dos camafeus (...) azuis como jacintos ou rosadas como rosas."

De Cabourg a Balbec

O mar

"E, de noite, não jantavam no hotel, onde os focos elétricos,
derramando luz na grande sala de jantar,
transformavam-na num imenso e maravilhoso aquário..."

Paul Helleu, Jovem com sombrinha sobre o píer,
Museu das Artes Decorativas, Paris.

Página ao lado:
"Já víamos o hotel e suas luzes... agora suaves e protetoras, anunciando o lar..."

Com a Bretanha, a Holanda, o lago Leman e a própria Veneza, com seus veraneios litorâneos e ribeirinhos, Marcel Proust compõe uma Normandia ideal, incorporada nas impressões de suas estadas em Houlgate, Dieppe, Trouville, Cabourg. Na realidade, a vida do autor na costa normanda vai se confundir, entre 1907 e 1914, com a escrita de seu livro, cujo começo é datilografado no Grande Hotel de Cabourg, que conheceu desde sua inauguração: *Ao ficar sabendo que havia um hotel em Cabourg, considerado o mais confortável de todo o litoral, para lá me dirigi... Desde que cheguei, consigo me levantar e sair todos os dias, o que não fazia há seis anos,* escreveu a Mme de Caraman-Chimay, em agosto de 1907.

Balbec, síntese normanda do mar e da juventude, é, de início, como às vezes os sonhos que se realizam, uma decepção para o herói, expressa no começo de *À sombra das moças em flor*:

No trenzinho local, que devia nos levar a Balbec-Plage, encontrei minha avó (...). Ela me perguntou: – E então, é Balbec? – com um sorriso tão ardentemente iluminado pela esperança do grande prazer que, na sua opinião, eu deveria ter sentido, que não me atrevi a lhe confessar de imediato a minha decepção. (...) Mas ainda mais se agravou meu sofrimento quando descemos no hall do Grande Hotel de Balbec, diante da escadaria monumental que imitava o mármore; e, enquanto isso, minha avó, sem se preocupar com o aumento da hostilidade e do desprezo dos estranhos, em cujo ambiente íamos viver, discutia as "condições" com o gerente, sujeito rechonchudo, com o rosto e a voz cheios de cicatrizes (o rosto, pelas sucessivas extirpações de numerosas verrugas, a voz devido aos sotaques os mais diferentes por causa das origens longínquas e de uma infância cosmopolita), trajando smoking de mundano, com um olhar de psicólogo que em geral tomava, à chegada do ônibus, os grão-senhores por miseráveis e os ratos de hotel por grão-senhores!

(...) Espantava-me que houvesse pessoas bem diferentes de mim para que... o local de suplício, que é uma nova morada, pudesse parecer a certas pessoas "um jardim de delícias", como dizia o prospecto do hotel, que podia estar exagerando mas se dirigia a toda uma clientela cujos gostos lisonjeava. É verdade que ele invocava, para que viessem ao Grande Hotel de Balbec, não apenas "o tratamento requintado" e o "panorama feérico dos jardins do cassino", mas ainda os "decretos de Sua Majestade a Moda, que não se pode violar impunemente sem passar por um idiota, coisa a que nenhum homem bem-educado desejaria se expor".

O vento, personagem familiar em Combray, acentua ainda mais, em Balbec, o mal-estar social experimentado pelo herói. Ao deixar a brisa marinha, reanimadora e perturbadora, penetrar naquela sala de jantar convencional, a avó transtorna a bela disposição provinciana e imobilizada da *vida de banhos de mar*:

... A sala de jantar de Balbec... sem ornatos, porém cheia de sol verde como a água de uma piscina, onde, a poucos metros de distância, a maré cheia e a claridade do dia elevavam, como diante de uma cidade celestial, uma indestrutível e movente muralha de ouro e esmeralda. Em Combray, como todos nos conheciam, não me preocupava com ninguém. E na vida de banhos de mar ninguém conhece os vizinhos. (...) Não tinha essa mais nobre indiferença que sentiria um homem mundano em relação às pessoas que ali almoçavam, nem quanto aos rapazes e moças que passavam pelo molhe; e sofria ante a ideia de que não poderia fazer excursões com eles (...) Seguia todos os seus movimentos através da transparência daquele enorme vão envidraçado, que deixava passar tanta luz. Mas ele interceptava o vento, o que era um defeito na opinião de minha avó, que, não podendo suportar a ideia de que eu perdesse o benefício de uma hora de ar, abriu furtivamente uma das vidraças, fazendo ao mesmo tempo voarem os cardápios, os jornais e os véus e bonés das pessoas que estavam almoçando; mas ela própria, animada com aquele sopro divino, permanecia calma e sorridente como santa Blandina, no meio dos impropérios que, aumentando minha impressão de tristeza e isolamento, reu-

"Eu entendia muito bem o encanto que esse hotel luxuoso podia exercer sobre determinadas pessoas. Tinha sido construído como um teatro, e uma figuração numerosa o animava."
Trouville, por volta de 1900, desenho de Edmond-Emile Gotorbe.

niam contra nós todos os turistas desdenhosos, despenteados, furiosos. (À sombra das moças em flor)

Indiferente a qualquer julgamento e, até mesmo, a qualquer opinião externa, a avó manifesta a serenidade e firmeza inteligente dos que sabem que fazem "bem". Inteiramente devotada à saúde do neto, não se preocupa, ao contrário dele, em ser aceita pela "boa sociedade" dos clientes do hotel:

Aquele grupinho do hotel de Balbec olhava com ar desconfiado todos os recém-chegados, e, aparentando não se interessar por eles, iam todos pedir informações a seu respeito ao amigo mordomo. Pois o mordomo era o mesmo – Aimé – que voltava todos os anos para a temporada de verão e lhes reservava as mesas; e as senhoras suas esposas, sabendo que a mulher de Aimé esperava um neném, trabalhavam cada uma, após o almoço, numa peça do enxoval, sempre nos examinando com seus lorgnons, a minha avó e a mim, porque comíamos ovos cozidos na salada, o que era considerado vulgar e não se praticava na boa sociedade de Alençon. (À sombra das moças em flor)

Gostar do vento e comer ovos cozidos na salada são tradições familiares, cujo natural parece suspeito aos notáveis provincianos que olham de cima os recém-chegados. Mas esse sentimento de exclusão social é compensado pela descoberta, que o deixa maravilhado, da paisagem marinha. Em Balbec, a lição de simplicidade da avó se alia à embriaguez de uma revelação; a realidade é em si mesma um poema inexaurível e é observando-a que nos tornamos artistas:

Quando, pela manhã, o sol vinha por detrás do hotel, abrindo à minha frente as praias iluminadas até os primeiros contrafortes do mar, era como se me mostrasse uma outra vertente da cordilheira, convidando-me a fazer, pelo caminho turbilhonante de seus raios, uma viagem imóvel e variada pelos mais belos sítios da paisagem acidentada das horas. E, desde a primeira manhã, o sol me indicava ao longe, com um dedo risonho, os cimos azulados do mar que não têm nome em nenhuma carta geográfica, até que, extasiado com aquele sublime passeio à superfície rumorosa e caótica de suas cristas e avalanchas, vinha se abrigar do vento em meu quarto, refestelando-se na cama desfeita e derramando suas riquezas na pia molhada, na mala aberta, onde, por seu próprio esplendor e luxo deslocado, aumentava ainda mais a impressão de desordem. Infelizmente, uma hora depois, na grande sala de jantar – enquanto almoçávamos e, de um limão cortado, espalhávamos algumas gotas de ouro sobre dois linguados que logo deixaram em nossos pratos a armação de suas espinhas, frisada como uma pena e sonora como uma cítara – pareceu cruel à minha avó que não pudéssemos receber o vivificante sopro do vento marinho por causa da vidraça, transparente mas fechada que, como uma vitrina, nos separava da praia, mas que enquadrava tão perfeitamente o céu que o seu azul parecia as cordas das janelas e suas nuvens brancas, um defeito do vidro. Convencido de que estava "sentado no molhe" ou no interior do boudoir, de que nos fala Baudelaire, perguntava-me se o "sol raiando sobre o mar", do poeta, não seria aquele – bem diverso do dos raios da tarde, simples e superficiais como setas douradas e trêmulas – que naquele momento queimava o mar como um topázio, fazia-o fermentar, tornava-o louro e leitoso como a cerveja, espumante como o leite, enquanto, por alguns instantes, sobre ele passeavam aqui e ali grandes sombras azuis, obra sem dúvida de um deus que parecia se divertir em deslocá-las, movimentando um espelho no céu. (À sombra das moças em flor)

O encontro com Mme de Villeparisis, nascida Madeleine de Bouillon, que se hospeda no Grande Hotel *com toda a sua criadagem*, dá ao escritor a oportunidade de retomar, quase palavra por palavra, as *Anotações* antigas sobre Chardin. Sua pintura *opulenta e saborosa* revelou a Proust a beleza *de uma vida que ele achava insípida* e *daquilo que chamava de mediocridade.* Na mesa de Mme de Villeparisis, que é uma velha amiga de sua avó e que pratica as mesmas virtudes de simplicidade e discrição, Marcel se torna, para além dos faustos mundanos do cenário, igual a Chardin. De fato, o pintor soube representar o *momento banal e triste em que acabamos de comer e a mesa ainda não foi tirada.*

E o jovem, por sua vez, se inicia *na grande arte de uma natureza que ele acreditava mesquinha.* Os restos do jantar se metamorfoseiam em suntuosas naturezas-mortas:

Mme de Villeparisis, por discrição, quis deixar a minha avó que, ao contrário, reteve-a até o almoço, desejando saber como procedia ela para receber mais cedo o correio e para que lhe servissem boa carne grelhada (pois Mme de Villeparisis, muito gulosa, gostava bem pouco da cozinha do hotel, onde nos serviam refeições que minha avó, sempre citando Mme de Sévigné, afirmava serem "tão magníficas que nos matavam de fome"). E a marquesa se acostumou a vir todos os dias sentar-se à nossa mesa, enquanto esperava que a servissem, e não permitia que nos levantássemos ou nos incomodássemos por sua causa. Quando muito, demorávamos à mesa, conversando com ela, tendo terminado o almoço, naquele momento sórdido em que as facas jazem na toalha junto dos guardanapos desfeitos. De minha parte, a fim de conservar, para poder amar Balbec, a ideia de que estava na extremidade da terra, esforçava-me por olhar ao longe, para ver somente o mar, procurar nele os efeitos descritos por Baudelaire e não deixar o olhar cair sobre a mesa senão nos dias em que haviam servido um enorme peixe, monstro marinho que, ao contrário das facas e dos garfos, era contemporâneo das épocas primitivas, quando a vida começava a surgir no Oceano, no tempo dos cimerianos, e cujo corpo, dotado de inumeráveis vértebras, de nervos azuis e róseos, fora construído pela natureza mas segundo um plano arquitetônico, como uma catedral policroma dos mares. (À sombra das moças em flor)

No livro *Em busca do tempo perdido*, é Elstir, o pintor dos *Aspargos* que tanto desagradaram aos Guermantes, que desempenha o papel de iniciador à beleza do mundo sensível. Elstir, arquétipo de todos os pintores, reside perto de Balbec. O encontro será decisivo, e, no final de sua estada, o herói compreende que *a natureza-morta se torna natureza-viva* e que, *como a vida, sempre terá algo novo a nos dizer*:

"Chardin não terá sido apenas um homem que se deliciava na sua sala de jantar, entre os copos e as frutas, porém um homem de consciência mais vivaz, cujo prazer, por demais intenso, terá transbordado em toques untuosos e em cores eternas."

Jean-Baptiste Chardin, Uvas e romãs, *Museu do Louvre, Paris.*

PÁGINAS SEGUINTES:

"A sala de jantar marítima de Balbec, com seu linho adamascado, preparado como toalhas de altar para receber o pôr do sol..."

"E, de fato, os suflês de chocolate chegavam ao destino sem terem sido revirados..."

Agora, eu ficava de boa vontade à mesa, enquanto retiravam o serviço, e não me limitava mais a olhar o mar, a não ser no momento em que as moças do grupinho poderiam passar. Desde que vira essas coisas nas aquarelas de Elstir, procurava reencontrá-las na realidade, apreciava como elemento poético o gesto interrompido das facas ainda atravessadas, a redondez abaulada de um guardanapo desfeito onde o sol intercala um pedaço de veludo amarelo, a taça meio vazia que assim revela a nobre amplitude de suas formas e, no fundo de seu cristal translúcido, semelhante a uma condensação do dia, um resto de vinho escuro, mas cintilante, o deslocamento dos volumes, a transmutação dos líquidos por efeitos de luz, a alteração das ameixas, que passam do verde ao azul e do azul ao dourado na compoteira já meio vazia, o passeio das cadeiras velhinhas que, duas vezes ao dia, vêm se instalar ao redor da toalha estendida na mesa, como sobre um altar onde são celebrados os ritos da gula, e na qual há ostras em cujo interior jazem algumas gotas de água lustral como em pequenas pias de água benta; eu tentava encontrar a beleza onde jamais imaginara que estivesse, nas coisas mais comuns, na vida profana das "naturezas-mortas". (À sombra das moças em flor)

Só lhe resta elaborar a "receita" de seu estilo, que se serve tanto da paleta de um pintor quanto da ciência, extremamente agradável, de uma cozinheira hábil, mesclando o *sumo disperso, inebriante e visível* de cada dia e tornando comestível a atmosfera de um quarto como era o de sua avó em Balbec:

Este não dava diretamente para o mar, como o meu, mas recebia luz de três lados diversos: de uma extremidade do molhe, de um pátio e do campo, e era mobiliado de modo diferente, com poltronas bordadas de filigranas metálicas e de flores róseas de onde parecia emanar o odor suave e agradável que a gente encontrava ao entrar. E, nessa hora em que raios vindos das exposições e como que de horas diversas quebravam os ângulos do muro, ao lado de um reflexo da praia, punham na cômoda um repositório matizado como as flores do caminho, suspendiam à parede as asas dobradas, trêmulas e mornas de uma claridade em vias de retomar seu voo, aqueciam como um banho um retângulo de tapete provinciano diante da janela do patiozinho que o sol engrinaldava como a uma videira, aumentavam o encanto e a complexidade da decoração dos móveis, parecendo esfoliar a seda florida das poltronas e pôr em relevo sua passamanaria, aquele quarto que eu atravessava um momento antes de me vestir para o passeio dava a impressão de um prisma onde se decompunham as cores da luz de fora, ou de uma colmeia onde os sucos do dia que eu ia provar estivessem dissociados, esparsos, inebriantes e visíveis, ou de um jardim da esperança que se dissolvesse numa palpitação de raios de prata e de pétalas de rosa. Porém, antes de tudo, eu abrira minhas cortinas na impaciência de saber qual era o Mar que brincava aquela manhã na praia, como uma nereida. Pois nenhum daqueles mares ficava por ali mais de um dia. Na manhã seguinte haveria outro que às vezes se parecia com ele. Mas nunca vi duas vezes o mesmo mar. (À sombra das moças em flor)

Através de sua reação colorida à passagem das horas, a polpa das frutas e o mar nos tornam sensíveis à fuga do tempo, personagem principal da obra de Proust:

Via-se passar por ali, já por alguns dias, com vistoso aparato, a princesa de Luxemburgo, alta, ruiva, linda, com um nariz um tanto saliente; passava algumas semanas na região. Sua caleça havia parado diante do hotel, e um lacaio fora falar ao gerente, voltando à carruagem para pegar um cesto de frutas maravilhosas (...). A que viajante principesco, que permanecesse incógnito no hotel, poderiam ser destinadas aquelas glaucas ameixas, luminosas e esféricas, como a redondeza do mar naquele momento; aquelas uvas transparentes, pendentes do galho seco como um claro dia de outono; aquelas peras de um azul celeste? Pois certamente a pessoa a quem a princesa vinha visitar não podia ser a amiga de minha avó. Entretanto, na tarde seguinte, Mme de Villeparisis nos mandou aquele cacho de uvas fresco e dourado, além de umas ameixas e peras que logo reconhecemos, embora as ameixas já houvessem passado, como o mar à hora do jantar, para um tom malva, e no azul das peras flutuassem algumas formas de nuvens cor-de-rosa. (À sombra das moças em flor)

JANTAR COM ROBERT DE SAINT-LOUP

Ostras
Robalo cozido
Cordeiro de Pauillac
Batatas à inglesa
Suflês de chocolate

"... de tarde... ocorrera-me, graças a um efeito de sol, tomar uma parte mais sombria do mar por uma costa afastada, ou olhar com alegria uma região azul e fluida sem saber se pertencia ao céu ou ao mar."

Do outro lado da baía, no restaurante Rivebelle, o narrador celebra o nascimento, em si mesmo, de um *homem novo*: o escritor. Na esteira luminosa, desenvolta, elegante e loura do sobrinho da marquesa de Villeparisis, Robert de Saint-Loup, Marcel se desprende da aparência para evoluir na poesia:

... Quando chegávamos a Rivebelle – devido à excitação de um prazer novo, e encontrando-me nessa região diferente em que o excepcional nos faz penetrar depois de ter cortado o fio, tecido com paciência há tantos dias, que nos levava à sensatez –, como se nunca devesse haver amanhã, nem objetivos elevados a realizar, logo desaparecia aquele exato mecanismo de prudente higiene que funcionava para salvaguardá-los. Enquanto um criado me pedia a capa, Saint-Loup me dizia:

– Não vai ficar com frio? Talvez fizesse melhor em conservá-la, não está muito quente.

Respondia: – Não, não – e talvez não sentisse o frio, mas, em todo caso, já não conhecia o medo de cair doente, a necessidade de não morrer, a importância de trabalhar. Dava minha capa; entrávamos na sala do restaurante ao som de uma marcha guerreira tocada pelos ciganos, avançávamos por entre as filas de mesas postas como num fácil caminho de glória e, sentindo o alegre ardor impresso em nossos corpos pelos ritmos da orquestra que nos concedia suas honras militares e aquele triunfo imerecido, nós o dissimulávamos por trás de um rosto grave e gelado, sob um andar cheio de lassidão, para não imitar essas cantoras de café-concerto que, a fim de cantar num tom belicoso uma copla indecente, entram correndo em cena com o entorno marcial de um general vitorioso.

A partir daquele momento, eu era um homem novo, que já não seria o neto de minha avó e só se lembraria dela ao sair, e sim o irmão momentâneo dos garçons que iriam nos servir. (À sombra das moças em flor)

Sentia-me separado... de todas as preocupações exteriores... pelo sabor dos pratos requintados que nos serviam.

LANCHE COM ALBERTINE

Sanduíches de chester
Torta de maçãs
Tortinhas de damasco
Sidra

Davam tanto prazer à minha imaginação quanto à minha gulodice; às vezes, a pequena porção de natureza de onde tinham sido extraídos, rugosa pia benta da ostra na qual ficam algumas gotas de água salgada, ou sarmento nodoso, pâmpanos amarelados de um cacho de uvas, essa porção ainda os cercava, incomestível, poética e distante como uma paisagem, e fazendo seguir-se, no decurso do jantar, as evocações de uma sesta sob uma videira e de um passeio no mar; de outras vezes, somente pelo cozinheiro é que era posta em relevo essa particularidade original das vitualhas, que ele apresentava em seu quadro natural como uma obra de arte; e um peixe cozido em molho de escabeche era trazido num longo prato de barro, onde, como se destacasse em relevo sobre camadas de ervas azuis, infrangível mas contorcido ainda por ter sido jogado vivo em água fervente, rodeado de um círculo de mariscos, animaizinhos satélites, caranguejos, camarões e mexilhões, era como se aparecesse numa cerâmica de Bernard Palissy. (O caminho de Guermantes)

Esquecendo-se da dieta severa imposta pela saúde precária, esquecendo-se das barreiras sociais que o separam dos criados e no esquecimento sacrílego de sua família, Marcel confere dimensões cósmicas ao cenário banal. A embriaguez de sua imaginação faz os astros girarem e o transforma em deus-poeta, no meio de convivas absorvidos por preocupações mesquinhas:

A dose de cerveja, e com maior razão a de champanhe, que em Balbec eu não consentiria em atingir numa semana, embora então à minha consciência calma e lúcida o sabor dessas bebidas apresentasse um prazer visivelmente apreciável mas facilmente sacrificado, eu a consumia numa hora, acrescentando-lhe algumas gotas de vinho do Porto, distraído demais para poder apreciá-lo, e dava ao violinista, que acabava de tocar, os dois luíses que economizava há um mês para comprar algo de que já não me lembrava. Alguns dos garçons que serviam, soltos por entre as mesas, corriam a toda

"Por volta das cinco horas, em dias de bom tempo, esses domingos de Mme Laudet atingiam o auge. E, ao prazer que ela sentia ao ver suas mesas ao ar livre regurgitarem de gente, misturava-se a satisfação da comerciante cujos negócios vão indo bem... algo como o suave orgulho de se sentir rodeada de tanta simpatia, de possuir tanta força."
Marcel Proust em "festa ao ar livre".

pressa com um prato nas palmas estendidas, parecendo até que não deixá-lo cair fosse o objetivo dessas corridas. E, de fato, os suflês de chocolate chegavam ao destino sem terem sido revirados, as maçãs à inglesa, apesar do galope que as deveria ter sacudido, arrumadas, como na partida, em torno do carneiro de Pauillac. (...) Em breve o espetáculo se organizou, pelo menos a meus olhos, de um modo mais nobre e mais calmo. Toda aquela atividade vertiginosa se fixou numa tranquila harmonia. Eu olhava as mesas redondas cuja inumerável assembleia enchia o restaurante, como outros tantos planetas, assim como eram figurados nos quadros alegóricos de antigamente. Ademais, exercia-se uma irresistível força de atração entre esses diversos astros e, em cada mesa, os ocupantes só tinham olhos para as mesas vizinhas, exceção feita a um rico anfitrião, o qual, tendo conseguido trazer um escritor famoso, empenhava-se em extrair dele, graças às virtudes da mesa giratória, frases insignificantes que deslumbravam as senhoras. A harmonia dessas mesas astrais não impedia a incessante revolução dos criados inumeráveis, que, por não estarem sentados como os que jantavam, e sim de pé, evoluíam numa zona superior. É claro que um corria para levar as entradas, trocar o vinho, juntar os copos. Porém, apesar dessas razões particulares, sua corrida permanente por entre as mesas redondas acabava por esclarecer a lei de sua circulação regulada e vertiginosa. Sentadas por detrás de um maciço de flores, duas horríveis caixas, ocupadas em cálculos sem fim, pareciam duas mágicas empenhadas em prever, por meio de cálculos astrológicos, as perturbações que às vezes poderiam ocorrer nessa abóbada celeste concebida conforme a ciência da Idade Média. E eu lastimava um pouco todos os que jantavam porque sentia que, para eles, as mesas redondas não eram planetas e que não tinham praticado nas coisas o seccionamento que nos desembaraça de sua aparência habitual, permitindo-nos perceber analogias. Pensavam estar jantando com tal ou qual pessoa, que a refeição custaria mais ou menos tanto, e que recomeçariam no dia seguinte. (À sombra das moças em flor)

À ESQUERDA:
"Depois de amanhã iremos a Arembouville de carro. A estrada é magnífica, há uma sidra deliciosa... Eu mesma lhe darei a torta normanda..."

À DIREITA:
"Quantas vezes em Paris, no mês de maio (...) ocorreu-me comprar um ramo de macieira numa florista e passar a noite diante dessas flores, onde se expandia aquela mesma essência cremosa que ainda polvilhava com sua espuma os brotos das folhas..."

O pequeno grupo de moças completa o encontro com Saint-Loup através da lembrança despertada dos lanches na casa de Gilberte Swann. Elstir lhe apresenta a jovem que entre todas é a que mais o seduz: Albertine.

Naquele dia... lamentava-me {que Saint-Loup} *não estivesse em Balbec. Vira descer do carro e entrar, umas no salão de danças do cassino, outras na sorveteria, algumas jovens que de longe me haviam parecido fascinantes (...). Julgava perceber em todos os cantos mulheres elegantes, pois estava muito cansado se me encontrava na praia, ou muito tímido se estivesse no cassino ou numa confeitaria, para que pudesse aproximar-me delas fosse onde fosse. No entanto, se devesse morrer em breve, gostaria de saber como, na realidade, eram de perto as mais belas moças que a vida pudesse oferecer (...). Teria ousado entrar no salão de baile caso Saint-Loup estivesse comigo. Estando sozinho, simplesmente fiquei diante do Grande Hotel, esperando o momento de ir encontrar-me com minha avó, quando, ainda quase na extremidade do molhe, onde faziam mover-se uma estranha mancha, vi que se aproximavam cinco ou seis mocinhas, tão diversas, pelo aspecto e pelos modos, de todas as pessoas a que a gente estava acostumado em Balbec (...).*

No momento em que Elstir me chamou para me apresentar a Albertine, sentada um pouco mais adiante, primeiro acabei de comer uma bomba de chocolate com café e pedi com interesse a um velho senhor, a quem acabara de conhecer, e ao qual julguei poder oferecer a rosa que ele admirava em minha botoeira, que me desse pormenores acerca de algumas feiras normandas.

(...) Voltei para o hotel pensando naquela reunião matutina, revendo a bomba com café que acabara de comer antes de deixar que Elstir me levasse para junto de Albertine, a rosa que havia dado ao velho senhor, todos esses detalhes escolhidos à nossa revelia pelas circunstâncias e que compõem para nós, em um arranjo especial e fortuito, o quadro de um primeiro encontro. (À sombra das moças em flor)

Nos piqueniques que fará com suas novas amigas, o narrador permanecerá fiel a seus gostos, apesar da surpresa das jovens. É que, ao tornar-se criador, pode entender a linguagem das tortas, escutar a lição dada pelos bolos. Suas jovens amigas podem troçar dele: possui a memória do coração.

Eu mandava preparar os sanduíches de queijo e a salada, e comprar tortas que comeria à hora do lanche, sobre o rochedo, com essas moças (...). Depois... prontos os sanduíches, eu ia procurar Albertine, Andrée, Rosemonde, por vezes outras, e, a pé ou de bicicleta, íamos embora. (...)

Em certos dias merendávamos em alguma das granjas-restaurantes que havia pelas redondezas. (...)

Porém às vezes, em lugar de ir para uma granja, subíamos até o alto da falésia e, logo ao chegar, sentados na grama, desfazíamos os embrulhos de sanduíches e de doces. Minhas amigas preferiam os sanduíches e se espantavam de me ver comer somente um doce de chocolate, goticamente enfeitado de açúcar, ou uma torta de damasco. É que eu não tinha nada a dizer aos sanduíches de queijo e de salada, iguaria nova e ignorante. Mas os doces eram instruídos, as tortas tagarelas. Nos primeiros havia velhos sabores de creme, e nas segundas frescores de frutas que muito sabiam... (À sombra das moças em flor)

PÁGINA AO LADO:
"... e o céu violáceo dos dias de chuva ou o reflexo dourado dos dias de sol e que pareciam todas as cores complementares da linda torta amarela coberta de um suco avermelhado..."

PÁGINAS SEGUINTES:
"Muito era para vê-la, para estar em sua casa, que vinham comer nesse sítio, como se vai comer em certos salões, embora se dissesse que era um pouco por causa da sidra, a melhor daqueles lugares, e pelo queijo, que era excelente."

Paris

A cozinha recuperada

Da esquerda para a direita:

Marcel Proust em 1896, na época em que oferecia os jantares "mais literários e elegantes", no apartamento de seus pais, na rua Courcelles, nº 45.

"Um jantar... quando a cor do vinho brilha como a de um quadro... quando... salvas de prata sobre a mesa deslumbrante nos dão numa hora a sensação plena e direta dessas várias obras-primas, das quais o desejo de uma é suficiente para encher de encanto uma hora ociosa e de apetite."

Durante muito tempo o filho do célebre doutor Proust se deitou *tarde.* Nos salões animados da alta sociedade parisiense do final do século XIX, nos restaurantes e cervejarias da moda, surge, deslumbrado e excessivamente cauteloso, um amigo preocupado em agradar, um príncipe oriental com a voz terna. Multiplicando as ordens e contraordens em um balé prodigioso de cartas, bilhetes, *telegramas*, marca seus encontros no Ciro's, Weber e Larue, na esquina da praça de la Madeleine com a rua Royale. São os lugares escolhidos por essa juventude brilhante, rica e fina. Aí jantam entre amigos; aí também ceiam, depois do teatro, do café-concerto ou da ópera, com as belas amigas atrizes.

Le Gaulois de 25 de maio de 1897 e *Le Figaro* de 26 de maio publicam:

Ontem, jantar dos mais literários e elegantes em casa de M. Marcel Proust, que reuniu, pela primeira vez, seus muitos amigos. Entre os convidados: Anatole France, conde Louis de Turenne, conde Robert de Montesquiou-Fezensac, de La Gandara, Jean Béraud, G. de Borda, Reynaldo Hahn etc.

O marquês de Castellane, que não pôde se escusar, compareceu, mas partiu imediatamente após o jantar para a reunião em casa de seu primo, o príncipe de Sagan.

O famoso doutor Proust, pai de M. Marcel Proust, deixou para o filho a função de fazer as honras desse belo jantar, ao longo do qual não cessou de brilhar o mais puro espírito parisiense.

Como no caso dos *jantares para seus camaradas*, Marcel Proust, quando reúne os amigos na casa dos pais e oferece *jantares elegantes*, envia, ele mesmo, os convites, dispõe a mesa e se ocupa do cardápio. Desenvolve uma energia e uma atividade diplomáticas dignas do *Quai d'Orsay*, carreira à qual o curso na Escola de Ciências Políticas poderia tê-lo destinado. Mas não suportará ficar distante de Paris. E é a arte que o atrai. Se pudesse *se associar a um museu* ou abraçar *uma carreira que terminasse na Inspeção das Belas-Artes*, seria o ideal. No entanto, esse jovem indeciso passará com sucesso em um concurso da Instrução Pública e das Belas-Artes, onde será admitido (3º em 3) a ocupar um posto – a que nunca se apresentará – de associado, não remunerado, da Biblioteca Mazarine. Depois da morte dos pais, o eterno jovem passará a receber em sua casa apenas alguns amigos íntimos e oferecerá os jantares no hotel Ritz.

O professor Adrien Proust morre em 1903. Como um dever de dedicação filial, Marcel conclui, em 1904, a publicação de um primeiro trabalho que acredita será reconhecido como "sério"; trata-se da tradução da obra do crítico de arte inglês John Ruskin, *A Bíblia de Amiens.* Depois da morte da mãe, em 1905, ficará paralisado por uma dor dilacerante durante seis meses, mas conseguirá providenciar a publicação de sua segunda tradução de Ruskin, *Sésame et les Lys.* Em seguida, pensará em muitas obras. Em 1908, relaciona os temas que se propõe a trabalhar:

um estudo sobre a nobreza
um romance parisiense
um ensaio sobre Sainte-Beuve e Flaubert
um ensaio sobre as Mulheres
um ensaio sobre a Pederastia (nada fácil de publicar)
um estudo sobre os vitrais
um estudo sobre as pedras tumulares
um estudo sobre o romance

Todos esses esboços constituem os germes do grande projeto que terá como títulos provisórios *O tempo perdido* e *O tempo recuperado*, antes de se intitular *Em busca do tempo perdido.*

PÁGINAS SEGUINTES:
"O ruído precursor dos pratos frios trocados pelos quentes..."

Na mesma época, em um Caderno que contém várias anotações para seu livro, Marcel Proust escreve: *O prazer de estar sozinho cozinhando.* E mais adiante: *Comparar meu livro ao assado de Françoise, é preciso que ele tenha sorvido todo o sumo, até o fim.* Desse modo, ao mesmo tempo que compõe a obra, Proust conserva no espírito essa "cozinha" que está realizando, a cozinha do livro que incorpora a vida *nos elos necessários de um belo estilo*; toma como modelo o que lhe parece a criação mais perfeita da cozinheira: *a carne de vaca de Françoise*, o guisado de carne.

A figura de Françoise reina na elaboração da obra literária, assim como reinava em Combray, na cozinha dos mistérios aterradores. Aliás, é ela que, *exilada* em Paris, faz a crônica dessa época áurea extinta para sempre:

– Mas então era mesmo em Combray, na casa de uma prima da patroa, que a senhora estava? – perguntava o *jovem lacaio.*

*– Sim, na casa de M*me *Octave; ah! uma santa mulher, meus filhos. E lá havia sempre de tudo, do bom e do melhor; era uma boa mulher, pode-se dizer, que não lastimava as perdizes nem os faisões, nem nada; e a gente podia chegar para jantar às cinco, às seis, que não era carne o que havia de faltar; e de primeira, ainda por cima; e vinho branco, vinho tinto, tudo o que fosse necessário. – (Françoise empregava o verbo* lastimar *no mesmo sentido que* La Bruyère.) – *Tudo era sempre às suas custas, mesmo que a família ficasse meses ou anos. (Essa reflexão nada tinha de indelicado para conosco, pois Françoise era de um tempo em que* custas *não era reservado ao estilo judiciário e significava simplesmente despesas.) – Ah, garanto-lhe que ninguém saía com fome.* (O caminho de Guermantes)

No prefácio a *A fisiologia do gosto*, de Brillat-Savarin, Charles Monselet ressalta que a *gastronomia é feita sobretudo do tempo perdido.* Para que os sabores de antigamente renasçam, é preciso passar muitas horas na frente dos fogões. É preciso parar o tempo: em 27 de dezembro de 1906, no apartamento em que seu tio-avô, Louis Weil, havia morrido dez anos antes, Proust dá início a um período de reclusão que nunca terminará. Do bulevar Haussmann à rua Hamelin, levará a mesma vida noturna excessivamente prudente e criativa, abrigado do barulho e do aroma da cozinha que desencadeiam nesse gourmet das palavras crises terríveis de sufocação.

Céleste Albaret, que foi sua criada de 1914 a 1922, declara:

Antes da guerra, ele pedia a Nicolas para preparar um linguado ou encomendar um prato ou uma iguaria que era trazida de um restaurante. Aliás, exceto raras exceções, tudo vinha de fora, para Nicolas e Céline, enquanto eles ali estiveram, por medo do cheiro da cozinha. Perto do bulevar Haussmann havia um bom restaurante popular, o Louis XVI, que era o deles. Quanto a M. Proust, era do restaurante Larue, que já não existe mais, de que ele gostava e que era muito conhecido, muito mundano, situado na esquina da rua Royale com a praça de la Madeleine – aí, ele jantava e ceava muitas vezes com os amigos. E por fim, foi o restaurante do hotel Ritz, onde começou suas manias, pouco antes da guerra (...).

"Apareceu o rosbife com cenouras, deitado pelo Miguel Ângelo da nossa cozinha sobre enormes cristais de gelatina semelhantes a blocos de quartzo transparente."

Pedia esse tipo de coisa a Nicolas depois do café, quando o tomava por volta das duas ou três horas da tarde. Nicolas servia o linguado ou outro prato às cinco ou seis horas da tarde.

... Mas eram principalmente suas vontades (...). Aliás, as exigências de M. Proust não eram complicadas. Em geral, ele era simples. Só precisava estar exatamente a seu gosto. Era um gourmet refinado, ou melhor, tinha sido. Eu bem que percebia que seus desejos afloravam como recordações. (*Céleste Albaret, Monsieur Proust*)

A fiel Céleste também ocupará um lugar e terá seu nome no livro do patrão. Aparece com seu nome verdadeiro, como uma das *mensageiras* de Balbec:

Apesar da dificuldade que um hóspede encontrava para ir aos quartos das camareiras, e reciprocamente, eu bem depressa liguei-me em amizade muito viva com estas duas pessoas: Mlle Marie Gineste e Mme Céleste Albaret. (...) Vinham ver-me diversas vezes de manhã, quando eu ainda estava deitado... enquanto eu mergulhava pãezinhos no meu leite, Céleste me dizia: – Ó diabinho preto de cabelos de gaio, ó que profunda malícia! Não sei em que pensava sua mãe quando o fez, pois o senhor é igual a um pássaro. Olha, Marie, não parece até que ele alisa as penas, e vira o pescoço com facilidade? Tem um ar tão leve que parece estar aprendendo a voar. Ah, o senhor tem sorte de que aqueles que o geraram o tenham feito nascer entre os ricos; que seria do senhor, perdulário como é? Joga fora o pãozinho só porque encostou na cama. Olha, derramou o leite, espere que vou lhe pôr um guardanapo, pois o senhor não saberia colocá-lo sozinho; nunca vi ninguém tão bobo e desajeitado como o senhor. (Sodoma e Gomorra)

De fato, um dos papéis cotidianos de Céleste Albaret consiste em levar o café e o croissant do começo do dia.

É como se estivesse vendo, ela se lembra: *o bule de café de prata com suas iniciais, o bule de chá de porcelana, com tampa, onde se punha o leite para conservá-lo quente, recém-fervido, e a grande xícara de borda dourada, com o monograma da família; do lado, o croissant no pires, que vinha da confeitaria da rua de la Pépinière, em frente à rua Anjou.*

Servia-se sozinho. Sempre esperava estar só para se servir. Fazia um sinal com a mão e eu saía. Por exemplo, sou incapaz de dizer se tomava o café com leite com muito ou pouco açúcar. Em compensação era fácil saber a quantidade de café. Das duas canecas que o bule de café continha, tomava mais ou menos uma e meia a primeira vez; completava a xícara, que devia ser de meio litro, com leite. O leite precisava estar fervendo.

Na verdade, o café era considerado uma dieta. Seu alimento verdadeiro era o leite. Tomava até um litro por dia...

Afora o café, não bebia nada – principalmente vinho. (...) Há uma história ridícula... segundo a qual em uma ceia no Ritz... M. Proust teria bebido champanhe (...). Isso é um absurdo (...).

Não convidava muitas pessoas e só raramente. (...) Para esses jantares, mandava eu comprar bons vinhos, tintos ou brancos. (...) Fora os jantares, era champanhe – somente Veuve Clicquot – ou vinho do Porto. (*Céleste Albaret, Monsieur Proust*)

À medida que mergulha em sua obra, o escritor se alimenta cada vez menos. Os pratos que prefere são aqueles que revivem o passado:

O gosto do café com leite matinal nos traz essa vaga esperança de um bom tempo feliz que outrora tantas vezes, enquanto o bebíamos numa xícara de porcelana branca (...) quando o dia ainda estava intacto e pleno, pôs-se a sorrir-nos na clara imprecisão do amanhecer. Uma hora não é apenas uma hora, é um vaso repleto de perfumes, de sons, de projetos e de atmosferas. (*O tempo recuperado*)

Como um eco, Céleste confirma:

Falei da lembrança que ele tinha do guisado de carne que Félicie preparava.

– Ah, Céleste! – me disse. – Frio! É frio que o preferia, com a gelatina do sumo e cenouras (...).

Também havia a pequena marmita. Na primeira vez que se referiu a ela, eu não sabia o que era aquilo.

Sala de jantar do Hotel Ritz. Em seus últimos anos de vida, Proust adotou o hotel da praça Vendôme, fundado por César Ritz. O maître, Olivier Dabescat, lhe servia a refeição em um cômodo isolado ou, então, organizava os jantares que ele oferecia aos amigos. O chofer de táxi Odilon Albaret tinha autorização para entrar, mesmo em plena noite, na cozinha do hotel para buscar a cerveja gelada pedida por Marcel Proust.

Ele, embora soubesse por ter provado dela, desconhecia a receita.

– Não saberia explicar direito – ele me disse. – Acho que se põem pedaços de carne de vaca selecionados para isso, com moela de frango e várias outras coisinhas. Deve ser cozido, durante muito tempo, em fogo brando. Mas é delicioso.

Encomendei esse prato algumas vezes, no Larue. Eu lhe mostrava na panela e ele o comia ali mesmo – nunca em um prato. Na verdade, beliscava mais que comia. Duas ou três garfadas e pronto.

... De qualquer modo, a carne não era seu forte. No máximo – raramente – um pouco de frango.

Mas de linguado, sim, às vezes, tinha vontade.

– Minha cara Céleste, acho que comeria com prazer um linguado frito. Em quanto tempo ficará pronto, se isso não a incomoda?

– Agora mesmo, senhor.

– Como você é boa, Céleste!

Bem perto, na praça Saint-Augustin, havia uma bela peixaria, a de Félix Point. Fui e voltei correndo com o linguado, fritei-o e me apressei em levá-lo em um grande prato de porcelana, sobre um guardanapo de linho adamascado, limpo e dobrado em dois, para que o óleo fosse bem absorvido, e com a metade de um limão em cada um dos quatro lados do guardanapo – como tinha visto Nicolas fazer (senão nunca saberia como).

Os linguados eram quase a única coisa que comia até o fim. Quanto ao resto, uma vez diante dele, a vontade, em geral, passava; nesse meio-tempo já tinha pensado em outra coisa.

... Fora a pequena marmita, o frango e o linguado, que são alimentos realmente sólidos, em oito anos o vi beliscar uma vez salmonetes, duas vezes eperlanos, duas vezes ovos e algumas vezes salada russa e batatas fritas. Mas nunca, por exemplo, o vi colocar na boca mais de um pedaço de pão.

Os salmonetes deviam ser pequenos e de Marseille, e eu tinha de comprá-los em um determinado lugar – na casa Prunier, perto da Madeleine – porque, ele me disse, em nenhum outro lugar de Paris eles seriam tão frescos e do tamanho certo, nem tão suculentos. Lembrava-se do lugar porque seu pai às vezes os levava lá. Prunier também era restaurante e de excelente qualidade. (Céleste Albaret, *Monsieur Proust*)

O guisado de carne de vaca, apoteose da ciência culinária de Françoise, é a obra-prima de Félicie Fitau, que trabalhou para a família Proust no bulevar Malesherbes e na rua de Courcelles. No bulevar Haussmann, será Céline Cotin, esposa de Nicolas, o criado de quarto de Proust, que preparará a receita com talento, pelo que recebe, em 12 de julho de 1909, esta carta de Marcel Proust:

Céline,

Meus entusiásticos parabéns pelo maravilhoso guisado. Gostaria de conseguir me sair tão bem quanto você no que farei esta noite, que meu estilo fosse tão brilhante, tão claro, tão sólido quanto seu molho – que minhas ideias fossem tão saborosas quanto suas cenouras, e tão nutritivas e frescas quanto sua carne. Enquanto não termino minha obra, felicito-a pela sua.

Em *Combray*, ao iniciar suas primeiras tentativas como escritor, Marcel lia as frases de seus autores prediletos e pressentia essa experiência singular: *Eu me deixava levar com prazer pelo gosto que tinha pelas frases*, escreveu, *como um cozinheiro que, quando não está cozinhando, finalmente acha tempo para ser gourmand.* Portanto, Marcel Proust se faz cozinheiro de seu livro que se tornará, como previu o autor em seu Caderno de notas, semelhante ao guisado de carne de Françoise: *além disso, como as individualidades (humanas ou não) em um livro são feitas de numerosas impressões que, extraídas de muitas moças, de muitas igrejas, de muitas sonatas, servem para compor uma única sonata, uma só igreja, não faria eu o meu livro da mesma maneira como Françoise fazia essa carne de boi estufada, apreciada por M. de Norpois, e onde tantos pedaços de carne acrescentados e escolhidos enriqueciam o molho gelatinoso?* (O tempo recuperado)

O *guisado de Françoise* é concebido, preparado e apresentado como uma verdadeira obra-prima, em que a cozinheira é a *criadora* aos olhos do jovem, futuro escritor, que se coloca diante dela como um aprendiz:

... Desde a véspera, Françoise, feliz por entregar-se à arte culinária, para a qual com certeza possuía um dom, e aliás estimulada pelo anúncio de um novo conviva, sabendo que teria de preparar, segundo os métodos só dela conhecidos, carne de vaca no molho gelatinoso, vivia na efervescência da criação (...).

... Se Françoise possuía a ardente certeza dos grandes criadores, meu quinhão era a cruel inquietude do pesquisador. (À sombra das moças em flor)

A pesquisa dos ingredientes, primordial na qualidade da obra, apresenta aqui a imagem de Miguel Ângelo comprando víveres: *como desse extrema importância à qualidade intrínseca dos materiais que deveriam entrar no preparo de sua obra, ia ela mesma aos Halles para obter os mais belos pedaços de alcatra, de pernil de vaca e de mocotó de vitela, tal como Miguel Ângelo quando passava oito meses nas montanhas de Carrara para escolher os blocos de mármore mais perfeitos para o monumento de Júlio II.*

"Como? Mais pudim à Nesselrode? A cura em Carlsbad não será suficiente para me refazer de um festim de Lúculo como este."

(...) Françoise empregava, nessas idas e vindas, um tal ardor que mamãe, vendo o seu rosto inflamado, temia que a nossa velha criada caísse doente de exaustão como o autor do túmulo dos Médici nas pedreiras de Pietrasanta.

Enfim... *apareceu o rosbife com cenouras, deitado pelo Miguel Ângelo da nossa cozinha sobre enormes cristais de gelatina semelhantes a blocos de quartzo transparente.*

Esse *ensopado em que a carne tomou o gosto das cenouras*, verdadeira obra-prima de *um cozinheiro de primeira ordem*, que se iguala a um artista universalmente reconhecido, obtém todos os sufrágios: *Françoise aceitou os elogios de M. de Norpois com a orgulhosa simplicidade, um olhar alegre e – mesmo que momentaneamente – inteligente, de um artista a quem se fala de sua arte.*

No entanto, o *artista* mantém ocultos os segredos de sua criação:

Mas enfim – perguntou minha mãe –, como explica que ninguém faça gelatina tão bem como você (quando quer)? – Não sei como decorre isso – respondeu Françoise, que não estabelecia uma diferença bem nítida entre o verbo ocorrer... e o verbo decorrer. Aliás, em parte dizia a verdade e não se mostrava muito mais capaz (ou desejosa) de desvelar o *mistério que formava a superioridade de suas gelatinas ou de seus cremes do que uma mulher elegante com relação a seus vestidos, ou uma grande cantora lírica relativamente a seu canto. Suas explicações não nos dizem grande coisa (...).*

A única revelação de Françoise deve ser lida "ao contrário". Para explicar sua arte, ela compara seu guisado com o de importantes donos de restaurantes: – *Eles mandam cozinhar depressa demais – respondeu ela falando dos grandes cozinheiros de restaurantes – e não cozinham tudo junto. É necessário que a carne de ·vitela fique como esponja, pois então bebe o suco até o fim.* (À sombra das moças em flor)

JANTAR EM CASA DE MONSIEUR E MADAME PROUST

Carne no molho gelatinoso
Presunto de York assado
Salada de abacaxi com trufas
Pudim à Nesselrode

É assim que o cozinheiro Marcel Proust mostra que tanto para o guisado de carne quanto para seu livro, o segredo da criação, o ingrediente essencial da cozinha da arte é o tempo.

Usando outra comparação culinária, o escritor se vê também como o padeiro que não receia *pôr a mão na massa*; em um dos esboços de *Em busca do tempo perdido*, ele escreve a propósito de seu livro: *Eu o estenderei sobre uma mesa como uma massa com a qual queremos fazer um bolo.*

E quando um jornalista do *L'Intransigeant* lhe perguntou que trabalho manual escolheria exercer, se fosse obrigado a isso, Marcel Proust respondeu com uma carta publicada no jornal, em 3 de agosto de 1920:

Monsieur,

O senhor faz uma distinção entre as profissões manuais e espirituais que não aprovo. O espírito guia a mão.

Nosso velho Chardin dizia (melhor): não se pinta apenas com os dedos, mas com o coração. E da Vinci, também se referindo à pintura: "Ela é cosa mentale*". Entre as coisas físicas, podemos dizer o mesmo do amor. É o que o torna, às vezes, tão cansativo. Permita-me utilizar essa colaboração da mão e do espírito para dizer que, se me encontrasse na situação que o senhor especifica, escolheria como profissão manual exatamente a que exerço atualmente: a de escritor. Se acontecesse de o papel acabar* *totalmente, acho que me tornaria padeiro. É uma honra dar aos homens o pão de todo dia. Enquanto isso, fabrico da melhor maneira que posso o "Pão dos Anjos", do qual Racine (que cito de memória e certamente com erros) dizia:*

O próprio Deus o compõe
Da flor de seu frumento.
Este é o pão deleitoso
Que o mundo que seguis
À mesa não oferta.
Ofereço-o a quem me seguir:
Vinde. Quereis viver?
Tomai-o, comei-o e vivereis!

Marcel Proust amassa o *Pão dos Anjos* com sua mensagem na noite infinita de sua criação. Ele anota e sublinha: *Não esquecer: os livros são obras da solidão e filhos do silêncio.* Esse sutil cozinheiro dos sonhos, das palavras e do tempo destila, na alquimia de sua obra, *as gotas de luz* que são *a substância transparente de nossos melhores minutos.* Ele sabe que *a matéria de nossos livros, a substância de nossas frases deve ser imaterial...* Transparente como a gelatina feita com o molho do guisado de Françoise, a substância do livro de Marcel faísca suavemente, devolvendo a cada leitor as imagens de si mesmo que ele se encantará ao ler no fundo de sua própria memória.

Famosa no futuro, a obra essencialmente "comestível" contém, como o piquenique revolucionário e escandaloso de Manet, a mensagem de modéstia transmitida pela cozinheira e que faz parte de toda obra-prima verdadeira: *Digo que a lei cruel da arte manda que os seres morram e que nós mesmos morramos ao esgotar todos os sofrimentos, para que brote a relva não do esquecimento mas da vida eterna, a abundante relva das obras fecundas, sobre a qual as gerações virão alegremente fazer, despreocupadas dos que ali jazem, o seu "almoço sobre a relva".* (O tempo recuperado)

Professor Adrien Proust (1834-1903), fotografado por Paul Nadar, em 20 de novembro de 1886.

Mme Adrien Proust, nascida Jeanne Weil (1849-1905), fotografada por Paul Nadar, em 5 de dezembro de 1904.

As receitas

XLVIII

Prière du Cuisinier

Habile à préparer d'ardentes victuailles,
Des vivres savoureux et d'exquises douceurs,
A décorer d'œillets des saumons et des cailles,
Comme à teindre un coulis d'alléchantes rousseurs ;

D'oiseaux ayant parlé j'ai cuisiné les langues
Pour des Apicius et des Trimalcions ;
J'ai fait frire un sorbet et confire des mangues
Et dans l'eau de la mer bouilli des alcyons.

Pour ce savoir profond, aride et délectable
Qui décuple et varie à l'infini la faim,
Vous daignerez, Seigneur, m'admettre à votre table
Où ma science aspire à rompre un peu de pain !

Robert de Montesquiou, Oração de todos, oito décimas de um rosário rítmico, *ilustrações de Madeleine Lemaire, Paris, Maison Du Livre, 1902.*
Esteta e mundano, o conde Robert de Montesquiou (1855-1921) exerceu sobre o jovem Marcel Proust um fascínio que se tornou uma amizade não desprovida de atritos.

Entradas

Enfim, para acabar – concluiu o duque –, Zénaide insistia para que Oriane fosse almoçar, e, como a minha mulher não gosta muito de sair de casa, resistia, e procurava saber (...). – Vem, vem – insistia Zénaide (...). Hás de comer um purê de castanhas, digo só isto, e haverá sete pequenas bouchées à la reine.

– Sete bouchés, *gritou Oriane. Então é que seremos no mínimo oito!"* (O caminho de Guermantes)

FOLHADOS À LA REINE
Bouchées à la reine

Ingredientes: 130 g de frango cozido, 1/2 l de caldo de galinha, 300 g de cogumelos de Paris, 150 g de glândula de vitela, 1 miolo de vitela, 2 colheres de sopa de manteiga, 20 g de farinha de trigo, 1 xícara de chá de creme de leite pouco consistente, 1 ovo, 1 limão, sal grosso, sal refinado, pimenta, 200 g de massa folhada (já pronta).

Deixe o miolo de molho em água fria por no mínimo 2 horas. Preaqueça o forno em temperatura média (180ºC). Com um cortador de massa ou a borda de um copo, recorte a massa folhada em rodelas de 9 cm de diâmetro. Arrume as rodelas em cima de um tabuleiro untado com espaços de 1 cm. Pincele com a gema batida. Preste atenção para não passar nas bordas, pois isso impediria a massa de crescer. Com a ajuda de um cortador menor (3 cm de diâmetro aproximadamente), marque de leve no centro da rodela o que será a tampa de cada folhado. Asse no forno durante 15 min. Retire o tabuleiro do forno. Recorte as tampas com o auxílio de uma ponta de faca de cozinha e, com uma colherinha, remova a massa do interior de cada folhado.

Em uma panela de fundo grosso, aqueça, em fogo brando, a manteiga, acrescente a farinha e mexa bem. Cozinhe em fogo baixo durante 5 min. e derrame, então, o caldo de galinha. Mexa e cozinhe por mais 10 min. Acrescente o creme, misture e cozinhe por mais 10 min. Tempere, misturando bem.

Limpe os cogumelos, lave e enxugue em um pano limpo. Corte-os em pedacinhos, se forem grandes. Derreta em uma frigideira 1 colher de sopa de manteiga e, quando estiver quente, cozinhe os cogumelos regando-os com o suco de meio limão. Quando cozidos, escorra-os e jogue o caldo no creme já pronto. Mexa.

Escalde as glândulas de vitela colocando-as em água fria levada a ferver durante 2 a 3 min.; depois deixe esfriar em água corrente fria. Retire, então, as peles e a gordura e, em seguida, corte as glândulas em cubinhos.

Limpe o miolo: retire a película que o reveste e as nervuras com sangue. Coloque o miolo em uma panela com água fria e sal. Ferva e deixe borbulhando por 2 min. Escorra e corte em pedacinhos.

Retire a pele das asas do frango e corte a carne em cubinhos bem pequenos. Com cuidado, misture os cogumelos, as glândulas, o miolo e o frango com o molho cremoso. Prove o tempero e ajuste, se necessário. Cozinhe por 5 min. em fogo baixo. Se achar que o recheio ficou muito ralo, engrosse-o com uma gema batida fora do fogo (não o recoloque de forma alguma no fogo).

Aqueça novamente os folhados, arrume nos pratos e recheie com o creme. Recoloque as tampas e sirva imediatamente.

"... através da ondulação dourada dos ovos mexidos, de minúsculas flotilhas imperceptíveis de toucinho, meio engolidas (...)."

Sentaram-se, e cada um colocou sobre os joelhos um guardanapo cândido como a alegria que brilhava em todos os olhos e que acabava de avivar a descoberta, através da ondulação dourada dos ovos mexidos, de minúsculas flotilhas imperceptíveis de toucinho, meio engolidas, e que cada um se encarregava, com gosto, de salvar do naufrágio. (Jean Santeuil)

Ovos mexidos com bacon
Œufs brouillés au lard

Ingredientes: 200 g de bacon meio salgado, 12 ovos, 30 g de manteiga, 1 colherinha de café de salsa lisa picada, 1 colher de sopa de óleo de soja, 2 colheres de sopa de creme pouco consistente (opcional)

Pique o bacon em pedacinhos e escalde-os colocando-os em uma panela com a água ainda fria. Quando a água ferver, jogue-a fora, substituindo-a por água fria. Retire o bacon, enxugue em um pano limpo e reserve.

Bata os ovos em uma tigela. Aqueça o óleo em uma frigideira e, quando desprender fumaça, frite rapidamente os pedacinhos de bacon para que fiquem torrados. Mexa com uma colher de madeira sem tirar do fogo. Ao final, escorra.

Em uma panela, derreta 10 g de manteiga em fogo baixo. Acrescente os ovos e os pedacinhos de bacon; continue a mexer e deixe cozinhar lentamente. Assim que os ovos ficarem cremosos, retire do fogo continuando a mexer, pois eles continuam a cozinhar. O ponto ideal do cozimento depende do gosto de cada um; se, porém, cozinharem demais, acrescente 2 colheres de sopa de creme de leite pouco consistente.

Corte em pedacinhos a manteiga restante e acrescente-a aos ovos. Despeje tudo em 4 forminhas de louça, salpique salsa picada e sirva imediatamente.

Observação: você poderá servir as forminhas com torradinhas à volta.

Ainda assim era bem bom quando, principiando todos a ter frio e fome, atravessavam de volta a aldeia e percebiam por detrás das árvores do parque as lamparinas no salão de jantar, e antecipando pela imaginação aquilo que já se encontrava à espera deles, mas que só descobririam dentro de dois minutos, sentiam-se perto do fogo, depois à mesa, sob a lâmpada, e diante da sopa quente que lhes punham no prato e que iam tomar. (Jean Santeuil)

Sopa de repolho com bacon
Soupe aux choux et petits lardons

Ingredientes: 1 repolho verde de bom tamanho, 150 g de bacon defumado, 30 g de manteiga, 2 dentes de alho, 1 1/2 cubo de caldo, sal grosso, pimenta.

Elimine o cabo e as folhas da base do repolho. Corte-o ao meio, retire a nervura central, depois corte-o em quadrados com 3 cm de lado. Lave-os em água com vinagre (1 colher de sopa de vinagre por litro d'água). Escorra os pedaços em um escorredor. Descasque e pique os dentes de alho. Corte o bacon em pedacinhos.

Em uma panela, derreta a manteiga em fogo baixo. Assim que esquentar, refogue o alho mas sem dourar (continue mexendo sempre com uma colher de madeira), adicione o bacon e refogue, mexendo sempre durante 2 min. Acrescente, então, os pedaços de repolho, o cubinho de caldo e 1 1/2 l de água fria. Tempere com uma pitada de sal grosso e pimenta. Coloque em fogo baixo por 45 min. Durante o cozimento, o caldo deve borbulhar levemente (se necessário, intercale uma chapa metálica entre a panela e o fogo). Sirva em sopeira já escaldada e enxuta.
Observação: esta sopa pode ser servida com torradas fritas em cubinhos.

... E não sei de muitos lugares onde a simples salada de batatas é feita assim de batatas que têm a firmeza de botões de marfim japoneses, a pátina dessas colherinhas de marfim com que os chineses derramam água sobre o peixe que acabam de pescar. (O tempo recuperado)

Salada de batatas
Salade de pommes de terre

Ingredientes: 800 g de batata de consistência firme, sal grosso.

Ingredientes para o molho cremoso: 2 colheres de creme de leite consistente, 1 colher de café de mostarda, 1 colher de café de vinagre de vinho, sal, pimenta.

Ingredientes para o vinagrete: 4 colheres de sopa de óleo de soja, 1 colher de sopa de vinagre de vinho, 1 colher de sopa de salsa, cerefólio e estragão picados e misturados.

Ingredientes para o molho "coquetel": 2 gemas, 1/2 xícara de chá de óleo de soja, 1 colher de café de mostarda, 1 colher de café de vinagre de vinho, 1 colher de sopa de ketchup, 1 colher de café de conhaque, sal, pimenta.

Cozinhe as batatas com casca por cerca de 20 min. Escorra e descasque-as ainda quentes. Corte em rodelas de 0,5 cm de espessura. Prepare o molho misturando os elementos indicados. Com ele, regue as batatas. Não utilize talheres para fazer essa mistura, pois isso poderia "machucar" as batatas; agite a saladeira, segurando-a com as duas mãos.

Esta salada já temperada deve ser servida ainda morna.

Tínhamos o direito de tomar posse da omelete e do bife com batatas num momento em que, de costume, era preciso merecê-los ainda durante uma hora. (No caminho de Swann, *esboço XLIX*)

Omelete de cogumelos, aspargos e cebolinha
Omelette aux champignons, asperges et ciboulette

Ingredientes: 10 ovos, 100 g de manteiga, 200 g de cogumelos de Paris, 12 aspargos frescos de bom tamanho, 3 colheres de sopa de cebolinha francesa, sal, pimenta.

Limpe os aspargos crus, deixando-os com 2 a 3 cm de espessura após eliminar a ponta não comestível. Lave-os rapidamente e cozinhe em água fervente de 8 a 10 min., conforme a espessura. Interrompa o cozimento mergulhando os aspargos em água bem fria, pois assim eles conservarão uma cor bonita.

Corte os talos dos cogumelos bem rente ao chapéu. Lave-os, corte em lâminas finas e enxugue com um pano limpo, de forma que desprendam um mínimo de água ao cozinhar.

Em uma frigideira, derreta 40 g de manteiga e, quando quente, refogue rapidamente os cogumelos em fogo forte. Retire assim que estiverem ligeiramente dourados.

Derreta de novo 40 g de manteiga na mesma frigideira, depois de limpá-la com papel absorvente. Coloque os aspargos na manteiga quente, retirando-os quando estiverem com uma cor bonita. Corte os aspargos em rodelas bem finas. Reserve as pontas.

Quebre os ovos em um recipiente. Ponha sal, pimenta e depois bata com um garfo. Adicione os cogumelos e os aspargos sem as pontas.

Derreta a manteiga restante em uma frigideira onde caibam todos os ovos. Assim que a manteiga ficar bem quente (mas sem dourar), despeje os ovos batidos. Com um garfo, vá descolando os ovos que coagulam na beirada, levando-os para o centro. Continue a fazer isso até o cozimento desejado.

Enrole a omelete e coloque em travessa preaquecida. Enfeite com as pontas de aspargos à volta e sirva.

– Só quero para os nossos jantares as coisas que tivermos ouvido apregoar. É bem divertido. E dizer que precisamos ainda esperar dois meses para ouvir: "Ervilhas macias, ervilhas, olha a ervilha!" Como fica bem dizer: "ervilhas macias"! Sabe que gosto delas finas, bem fininhas, escorrendo molho de vinagre, nem se diria que as estamos comendo, frescas como o orvalho. (A prisioneira)

Salada de vagens
Salade de haricots verts

Ingredientes: 600 g de vagem fina e fresca, 50 g de cebola roxa picada, 170 g de tomate consistente mas maduro, algumas folhas grandes de alface (ou outras folhas verdes, à escolha), sal grosso.

Ingredientes para o vinagrete: 6 colheres de sopa de azeite, 1 colher de sopa de vinagre de vinho, 1 colher de sopa de mostarda, meio limão, 1 colher de sopa de salsa lisa picada, meia colher de sopa de cerefólio cortado grosso, sal e pimenta.

Limpe e cozinhe a vagem em bastante água fervente com sal. Não tampe a panela, para que a vagem conserve uma cor bonita. Preste atenção ao tempo de cozimento (8 a 10 min.), variável conforme a espessura do legume. Quando estiver tenra, passe em água fria para que não fique cozida demais. Escorra.

Prepare o vinagrete com os ingredientes indicados. Prepare o tomate (lave, tire a pele e as sementes e corte em cubos). Pique a cebola e a salsa, mas corte bem grande o cerefólio que, tratado assim, conservará melhor seu aroma. Lave e escorra algumas folhas verdes de bom tamanho. Misture todos os ingredientes (menos as folhas verdes) com o vinagrete.

Coloque a salada de vagem em 4 pratos, cheios de folhas verdes. Sirva fria ou morna.

– Não será a salada japonesa? – disse baixinho, voltando-se para Odette. (No caminho de Swann)

Annette

Mande cozinhar batatas em caldo, corte-as em fatias como para uma salada comum, e, enquanto ainda estão mornas, tempere com sal, pimenta, um bom azeite de oliva com gosto de fruta, vinagre...

Henri

Com estragão?

Annette

É preferível o orléans: mas isto não tem muita importância; o importante é uma meia garrafa de vinho branco, o château-yquem *se possível. Muitas ervas delicadas, picadas bem miudinho. Mande cozinhar, ao mesmo tempo, em fogo brando, grandes mexilhões com um ramo de aipo; mande escorrer bem e acrescente às batatas já temperadas. Misture tudo levemente. (...) Quando a salada estiver pronta, remexida...*

Henri

Levemente...

Annette

Cubra-a de rodelas de trufas, um verdadeiro barrete de sábio.

Henri

E cozidas em vinho de Champagne.

Annette

Nem precisa dizer. Tudo isto, duas horas antes do jantar, para que a salada esteja bem fria quando for servida.

Alexandre Dumas filho, Francillon, ato I

SALADA JAPONESA
Salade japonaise

Ingredientes: 800 g de batatinhas de consistência firme, 700 g de mexilhão, 200 g de batata-baroa (ou bulbo de aipo), meio copo de vinho branco doce (Sauternes, por exemplo), 1 talo de aipo, sal grosso, 5 g de trufa picada (opcional).

Ingredientes para o vinagrete: 5 colheres de sopa de azeite, 2 colheres de sopa de vinagre de vinho, 1 colher de sopa de salsa lisa picada, 1 colher de sopa de cebolinha picada, 1 colher de sopa de cerefólio picado, sal e pimenta.

Lave as batatas e cozinhe-as com casca em água com sal. Cerca de 20 min. depois, verifique o cozimento espetando um ou dois tubérculos com a ponta de uma faca. Escorra. Descasque a batata-baroa e cozinhe.

Limpe cuidadosamente os mexilhões, um a um. Escove, retire os filamentos, jogue fora os que estiverem entreabertos e lave-os em água corrente (não devem ficar de molho na água). Uma vez limpos, coloque em fogo forte, em vasilha grande, com o talo de aipo e o vinho branco, para que se abram. Tampe. Mexa de vez em quando. Assim que se abrirem, retire do fogo, destampe e deixe esfriar um pouco. Retire-os das conchas, mas guarde o caldo.

Prepare o vinagrete com os ingredientes indicados.

Descasque as batatinhas e corte-as em rodelas de 0,5 cm de espessura. Acrescente a batata-baroa e o mexilhão. Misture com cuidado.

Distribua a salada em 4 pratos e decore a parte de cima com a batata. Se desejar, adicione trufas picadas. A salada pode ser servida morna ou fria.

Jean... pensando intensamente nos ovos à cocotte *e no filé bearnês, não se sentia com disposição para esperar, antes de ir prová-los, e começava a achar que o topo aveludado dos íris roxos sobre as águas e o odor embalsamado das rosas da Síria no canto das aleias davam muito pouca satisfação à goela excitada pelo trabalho matutino, pelas horas e pelo desejo.* (Jean Santeuil)

Ovos à *cocotte*
Œufs cocotte

Ingredientes: 8 ovos, 40 g de manteiga, 4 xícaras de chá de creme de leite, sal, pimenta branca.

Preaqueça o forno a 150ºC (temperatura média baixa). Unte 4 forminhas; ponha sal e pimenta. Quebre dois ovos inteiros em cada forminha, cuidando para não desmanchar as gemas. Depois, coloque os recipientes em uma travessa meio funda, com água quente até à metade das forminhas. Calcule 6 min. de cozimento em banho-maria (a clara deve ficar coagulada e a gema meio líquida). Tampe os ovos durante os 4 últimos minutos. Não se esqueça de que os ovos ainda vão continuar a cozinhar um pouco entre o forno e a mesa, devido ao calor difuso das forminhas.

Nesse meio-tempo, reduza o creme à metade, em fogo baixo. Estará pronto quando engrossar e cobrir uma colher de madeira com uma camada fina. Tempere com sal e pimenta.

Assim que retirar os ovos do forno, deite um pouco do creme em torno das gemas e sirva imediatamente.

"Se ao contemplar um Chardin você pode dizer consigo: isto é íntimo, confortável e vivo como uma cozinha, ao andar numa cozinha dirá consigo: isto é curioso, é grande, é belo como um Chardin."
Jean-Baptiste Chardin, O pote de azeitonas, *Museu do Louvre, Paris.*

Aquele grupinho do hotel de Balbec olhava com ar desconfiado todos os recém-chegados, e, aparentando não se interessar por eles, iam todos pedir informações a seu respeito ao amigo mordomo. Pois o mordomo era o mesmo – Aimé – que voltava todos os anos para a temporada de verão e lhes reservava as mesas; e as senhoras suas esposas, sabendo que a mulher de Aimé esperava um neném, trabalhavam cada uma, após o almoço, numa peça do enxoval, sempre nos examinando com seus lorgnons, *a minha avó e a mim, porque comíamos ovos cozidos na salada, o que era considerado vulgar e não se praticava na boa sociedade de Alençon.* (À sombra das moças em flor)

Salada de ovos cozidos, tomate, anchova e atum
Salade aux œufs durs, tomates, anchois, thon

Ingredientes: 6 ovos, 4 tomates médios maduros, 250 g de atum, 8 filés de anchova, 80 g de cebola roxa picada, 1 feixe de cebolinha verde picada, 2 colheres de sopa de salsa lisa picada, 120 g de valeriana, 1 coração de alface crespa.

Ingredientes para o vinagrete: 6 colheres de sopa de óleo de soja, 2 colheres de sopa de vinagre de vinho velho, 1 colher de café de mostarda, sal e pimenta.

Ferva a água com um pouco de vinagre. Em seguida, com o auxílio de uma escumadeira, coloque os ovos no fundo da panela. Quando a água recomeçar a ferver, calcule 8 a 10 min. (dependendo do tamanho dos ovos) para que os ovos cozinhem.

Mergulhe os tomates em água fervente. Depois, esfrie-os rapidamente em água fria. Retire a película e corte cada tomate em 6 partes. Retire as sementes.

Prepare o vinagrete com os ingredientes indicados.

Limpe e lave a valeriana, a alface crespa e as ervas aromáticas. Escorra. Descasque e pique a cebola roxa e a cebolinha. Misture todos esses ingredientes com o atum, depois com o vinagrete. Descasque os ovos e corte-os em quatro.

Disponha a salada assim preparada em quatro pratos. Decore com os filés de anchova por cima e os ovos e tomates intercalados em volta.

– O embaixador – disse-lhe minha mãe – assegura que em parte alguma se comem rosbifes e suflês como os seus. – Françoise, com ar modesto e como quem rende homenagem à verdade, concordou, aliás sem ficar impressionada com o título do embaixador; dizia de M. de Norpois, com a amabilidade devida a alguém que a considerava um "mestre-cuca": – É um bom velho, como eu. (À sombra das moças em flor)

Suflê de queijo
Soufflé au fromage

Ingredientes: 20 g + 1 colher de sopa de farinha de trigo, 20 g + 1 colher de sopa de manteiga, 1/2 xícara de chá de leite, 1/2 xícara de chá de creme de leite pouco consistente, 85 g de queijo gruyère ralado, 5 ovos, noz-moscada, sal e pimenta.

Preaqueça o forno em temperatura alta (200°C). Em uma panela, ponha para ferver o leite, o creme e 2 pitadas de noz-moscada ralada.

Em outra panela, derreta 20 g de manteiga; adicione, então, 20 g de farinha de trigo e cozinhe, mexendo com uma colher de madeira durante 4 a 5 min. Despeje, então, a preparação leite-creme fervendo sobre essa pasta e continue a mexer por mais 4 min. (para evitar que se formem grumos). Fora do

fogo, acrescente 3 gemas, uma de cada vez, mexendo sempre. Ponha sal e pimenta, misturando bem. Transfira a mistura para uma tigela.

Com o restante da manteiga, unte uma forma de suflê (de 14 cm de diâmetro) e polvilhe fundo e lados com farinha de trigo, girando a forma em todas as direções. Bata 5 claras em neve muito firme, com uma pitadinha de sal. Com cuidado, vá adicionando-as, em quantidades reduzidas, ao conteúdo já frio da tigela (levante a massa em vez de mexê-la). Acrescente, então, o gruyère ralado.

Encha a forma com a massa. Alise bastante a parte de cima, coloque no forno e asse durante 16 min. Sirva imediatamente.

"Parava para olhar, sobre a mesa, onde a criada de cozinha acabava de descascá-las, as ervilhas alinhadas e contadas como bolinhas verdes num jogo."

Peixes

– Mas nós não achamos que esteja exagerando, queremos apenas que o senhor coma, e que meu marido coma igualmente; sirva de novo o linguado normando ao senhor, está vendo que seu prato já esfriou. Não estamos tão apressados, você serve como se a casa estivesse incendiada; espere um pouco para trazer a salada. (No caminho de Swann)

LINGUADO À NORMANDA
Soles à la normande

Ingredientes: 4 linguados de 260 g cada um, 500 g de mexilhão, 12 ostras, 120 g de camarão descascado, 160 g de manjubinha, 50 g de farinha de rosca, 12 cogumelos de Paris, 50 g de cebola roxa picada, 5 colheres de sopa de calvados (ou conhaque), 2 xícaras de chá de creme de leite pouco consistente, 1 xícara de chá de creme de leite consistente, 30 g de manteiga, 1 limão, sal, pimenta, 2 ovos (opcional), óleo para fritar.

Ingredientes para aromatizar o peixe: 500 g de espinhas de pescada ou de linguado, 50 g de cebola, 50 g de cenoura, 1/2 l de vinho branco seco, 1 colher de sopa de azeite, 1 bouquet garni*

Peça ao peixeiro para preparar o linguado. Para o caldo aromatizado do peixe, peça-lhe também as espinhas maiores e ponha-as de molho por 1 hora.

Depois de descascar as cebolas e cenouras, corte-as em fatias bem finas. Aqueça o azeite em uma panela. Quando estiver bem quente, junte a cenoura e a cebola; cozinhe por 5 min. sem tampa e em fogo brando. Adicione as espinhas, ponha-as para cozinhar durante 4 ou 5 min. Depois, adicione o vinho. Deixe apurar um pouquinho; depois, acrescente 1/2 l de água e o *bouquet garni.* Ferva e cozinhe em fogo baixo por 40 min. Com uma escumadeira, retire as impurezas que subirem à superfície. Coe em uma peneira.

Descasque a cebola roxa e corte-a em fatias finas. Limpe, lave e enxugue o cogumelo em um pano limpo, corte em 4 e refogue rapidamente em 10 g de manteiga quente com o suco de 1/4 de limão; guarde esse caldo.

Abra as ostras e reserve o caldo. Limpe os mexilhões (ver *Salada japonesa*) e deixe que se abram no fogo forte; retire as conchas e guarde o caldo.

Preaqueça o forno a 200ºC (temperatura alta). Ponha sal e pimenta nos peixes. Em uma frigideira grande, derreta o restante da manteiga, adicione a cebola e, por cima, deite o linguado. Derrame 5 colheres de sopa do caldo aromatizado do peixe. Ferva. Tampe o recipiente; depois, coloque-o no forno durante 15 min. Retire o linguado, mas mantenha-o aquecido.

Despeje o caldo do cozimento dos peixes em uma panela e reduza. Adicione a água das ostras, 1 copo do suco de mexilhão, o caldo do cogumelo e reduza à metade. Acrescente, então, o creme e cozinhe tudo em fogo baixo, até que o molho engrosse ligeiramente; mexa sem parar.

* *Bouquet garni*: feixe de ervas aromáticas composto de talos de salsa e aipo, tomilho, louro e folhas de alho-poró.

O sol arde. Ergue-se uma brisa sobre o lago. Meu barco está pronto. Deixo-os e vou passear pescando trutas antes do jantar. Pensarei em vocês nesses momentos requintados... (Écrits de jeunesse 1887-1895)

Trutas com amêndoas
Truites aux amandes

Ingredientes: 4 trutas de 200 g cada, 100 g de manteiga, 50 g de farinha de trigo, 3 colheres de sopa de óleo de soja, 1 limão, 40 g de salsa picada, 60 g de amêndoas cortadas ao comprido, sal, pimenta.

Passe a manjubinha na farinha de rosca e frite em temperatura média (180ºC). Escorra o excesso de gordura.

Estando o molho na consistência desejada, acrescente os cogumelos, mexilhões, camarões e ostras. Aqueça. Se o molho lhe parecer ralo demais, você poderá engrossá-lo com 2 gemas batidas (mas não deixe que fervam).

Deite o linguado na travessa aquecida, cubra com o molho e sirva a manjubinha à parte. Acerte o sal apenas no momento de servir.

Observação: arroz simples combina bem com este prato.

Peça ao peixeiro para preparar as trutas. Lave-as bem na água corrente para retirar inteiramente o sangue. Enxugue em um pano limpo.

Em uma frigideira própria para peixe, aqueça o óleo com 40 g de manteiga. Polvilhe com farinha os dois lados do peixe; em seguida, erguendo-os pela cauda, agite-os a fim de retirar o excesso de farinha. Ponha sal e pimenta. Quando a gordura estiver bem quente, frite as trutas por cerca de 5 min. de cada lado. Retire e coloque em travessa preaquecida.

Jogue fora a gordura já utilizada e limpe a frigideira com papel absorvente. Derreta o restante da manteiga e adicione imediatamente as amêndoas. Mexa e retire do fogo assim que adquirirem um bonito tom dourado. Acrescente, então, o suco de limão e o sal e derrame esse molho sobre o peixe. Enfeite com salsa picada e sirva.

Pois, ao fundo permanente de ovos, costeletas, batatas, geleias, biscoitos, que nem sequer nos anunciava mais, Françoise acrescentava – de acordo com o trabalho dos campos e dos pomares, o fruto da pesca, os acasos do comércio, a polidez dos vizinhos e seu próprio espírito inventivo (...) refletiam um pouco o ritmo das estações e dos acontecimentos da vida: – um rodovalho, cuja frescura lhe fora garantida pela vendedora de peixe, um peru, porque vira um muito bonito no mercado de Roussainville-le-Pin, alcachofras com tutano, porque ainda não as fizera daquele modo (...). (No caminho de Swann)

FILÉS DE LINGUADO NA SIDRA
Filets de barbue braisée au cidre

Ingredientes: 1 linguado de aproximadamente 2 kg, 1/2 l de sidra, 100 g de cogumelos de Paris, 100 g de manteiga, 100 g de talo branco de alho-poró, 50 g de cebola roxa, 5 maçãs verdes, 1 colherinha de café de vinagre de sidra, 1 colher de sopa de cebolinha verde picada, sal.

Peça ao peixeiro para cortar o peixe em filés. Limpe, lave e enxugue os cogumelos; pique. Limpe, lave e enxugue a parte branca do talo do alho-poró; pique. Extraia o suco das maçãs sem descascá-las.

Em uma panela, derreta 20 g de manteiga. Refogue os legumes picados até dourarem levemente. Adicione a sidra e o suco de maçã. Quando ferverem, adicione os filés. Tempere com sal. Tampe e cozinhe em fogo brando, durante 5 min.

Aqueça o forno a 200ºC (temperatura alta). Retire com cuidado os filés de peixe, deite-os em uma travessa refratária e coloque-a em cima da porta abaixada do forno.

Bata o molho no liquidificador, depois passe na peneira e transfira para uma panelinha de fundo grosso. Apure em fogo baixo (você deve obter uma espécie de purê ralo). Corte a manteiga restante em pedacinhos; acrescente ao purê e mexa sempre, em fogo brando, até que o molho engrosse. Prove o tempero e adicione o vinagre de sidra. Mexa bem.

No forno, aqueça os filés e, para evitar que ressequem, cubra com papel-alumínio. Deite os filés em quatro pratos preaquecidos, cubra-os com molho e depois enfeite com cebolinha verde picada.

Observação: batatinhas cozidas à moda inglesa ou pequenos aspargos frescos podem guarnecer o peixe, a não ser que você prefira rabinhos de pitu e de lagostim descascados.

Eis o cardápio. Como entrada, salmonetes. Vamos pedi-los?

– Eu, sim; mas você está proibido. Em vez disso, encomende um risoto. Mas eles não sabem prepará-lo.

– Não importa. Garçom, traga-nos primeiro salmonetes para Madame e um risoto para mim. (A fugitiva)

SALMONETE GRELHADO
Rougets grillés

Ingredientes: 4 salmonetes de 200 g cada, 5 colheres de sopa de azeite, 1 feixe de salsa, sal.

Ingredientes para a guarnição niçoise*: 120 g de tomate bem maduro, 20 g de alcaparra, 50 g de azeitona preta, 10 g de anchova, 50 g de cebola roxa picada, 1 dente de alho, 1 folha de louro, 1 raminho de tomilho, 1 colher de sopa de salsa picada, 1 colher de sopa de azeite, sal, pimenta.*

Peça ao peixeiro para cortar os peixes em filés. Se tiver paciência, tente retirar as espinhas com uma pinça. Embrulhe os filés em um pano e guarde na geladeira.

Faça a guarnição: limpe os tomates e corte-os em cubinhos. Retire o caroço das azeitonas. Pique juntas as alcaparras, as azeitonas e as anchovas. Esquente o azeite, refogue a cebola, acrescentando depois o picadinho de alcaparras, azeitonas e anchovas, o alho, o tomilho e o louro. Ponha sal e pimenta, misturando bem. Cozinhe por 30 min. Quando o tomate estiver cozido, retire o alho, o tomilho e o louro. Conserve aquecida essa guarnição.

Esquente uma grelha em fogo bem forte. Passe os filés de peixe para uma travessa com um pouco de azeite. Ponha sal e pimenta. Aqueça o forno a 200ºC (temperatura alta). Coloque os filés (lado da pele) em cima da grelha bem quente durante 1 min. Gire-os um pouco e grelhe por mais 1 min. Disponha os filés em uma travessa refratária e leve-os ao forno até a hora de servir.

Rapidamente, distribua a guarnição em 4 pratos previamente aquecidos, enfeite com um pouco de salsa picada e deite por cima os filés de salmonete. À hora de servir, pingue algumas gotas de azeite no peixe.

Tínhamos entrado na aleia de honra de La Raspelière, onde M. Verdurin nos esperava no patamar. – Fiz bem em pôr o smoking – disse ele, constatando com prazer que os fiéis trajavam o seu – visto que recebo homens tão elegantes. – E, como eu me desculpasse pelo meu jaquetão: – Ora, ora, é perfeito. Aqui são jantares entre camaradas. Eu poderia oferecer-lhe um de meus smokings, mas não lhe serviria. (...) Vamos, meu caro Brichot, largue depressa as suas coisas. Temos uma bouillabaisse que não pode esperar. (Sodoma e Gomorra)

BOUILLABAISSE

Ingredientes: 2 kg de peixe para bouillabaisse (corvina, vermelho, pescada ou viola), 1 kg de congro, 2 pescadas, 400 g de mexilhões, 250 g de cebola, 4 dentes de alho, 1/2 talo branco de alho-poró, 1 ramo de funcho, 1 talo de aipo, 2 tomates grandes, 1 colher de sopa de salsa lisa picada, 1/2 xícara de chá de azeite, 2 colheres de sopa de pastis,* *4 pitadas de açafrão, 1 pitada de segurelha, 1/2 colherinha de café de casquinha seca de laranja, sal, pimenta.*

Ingredientes para o molho ferrugem: 80 g de miolo de pão, 2 ovos, 300 g de pimentão vermelho, 2 xícaras de chá de azeite, sal.

Peça ao peixeiro postas de congro situadas próximo à cabeça, pois as que ficam perto da cauda têm muitas espinhas.

Retire as barbatanas, as vísceras, as escamas e lave todos os peixes. Limpe o mexilhão. Descasque e limpe os legumes. Não se esqueça de retirar as sementes do tomate. Pique os dentes de alho.

Em uma panela grande, refogue no azeite quente a cebola, o alho-poró, o alho, o aipo, o funcho, o tomate e a salsa. Adicione as postas de congro e os peixes da bouillabaisse. Mexa bem. Acrescente, então, 3 l de água fervente (ou de caldo temperado de peixe, se tiver). Ferva. Adicione o açafrão, a segurelha e a casquinha de laranja. Depois de cozinharem por 10 min., acrescente o mexilhão e a pescada e cozinhe por mais 5 a 7 min.

Um minuto antes de o cozimento acabar, pingue o *pastis* e o azeite; ferva e mexa para misturar bem a bouillabaisse com o azeite.

---

* *Pastis*: bebida feita de anis, muito apreciada no sul da França.

Molho ferrugem: molhe o miolo de pão em água, mas escorra bem antes de empregá-lo. Descasque o alho e retire o germe. Lave, enxugue e retire as sementes do pimentão. Triture o alho e o pimentão vermelho no liquidificador. Ponha o purê obtido em uma grande tigela funda. Acrescente o miolo de pão escorrido e as 2 gemas. Bata como se fosse para uma maionese, pingando azeite aos pouquinhos.

Sirva a bouillabaisse com pedacinhos de pão (torrados ou não) em separado e com o molho ferrugem.

... Acima do senhor um estranho monstro, ainda fresco como o mar em que ondulava, uma arraia está suspensa, cuja vista mistura à gulodice o curioso encanto da bonança ou das tempestades marinhas das quais ela foi a tremenda testemunha, fazendo passar uma espécie de lembrança do Jardin des Plantes *através de um sabor de restaurante. Está aberta e o senhor pode admirar a beleza de sua delicada e ampla arquitetura, tinta de sangue rubro, de nervos azuis e músculos brancos, como a nave de uma catedral polícroma.* (*Chardin et Rembrandt*)

ARRAIA NA MANTEIGA ESCURA
Raie au beurre noir

Ingredientes: 1,4 kg de arraia, 800 g de batatinhas de consistência firme, 100 g de manteiga, 10 g de salsa lisa picada, 1 raminho de tomilho, 1 folha de louro, 1 limão, 3 colheres de sopa de vinagre de vinho, sal grosso, sal refinado.

Mergulhe a arraia em água fria; em água corrente, retire toda a película viscosa que a envolve. Descasque e lave as batatinhas. Deite-as em uma panela com bastante água fria e sal (10 g de sal grosso por litro d'água), ferva e deixe cozinhar com tampa durante 15 min. Não devem cozinhar demais, pois vão ficar de molho no calor da água até serem servidas.

Ponha a arraia em uma panela, cubra com bastante água (e 15 g de sal grosso por litro d'água); acrescente o louro, o tomilho e o vinagre. Ferva sem tampa em fogo baixo e deixe borbulhando durante cerca de 15 min. Retire a arraia, escorra e, depois, retire a pele utilizando o lado cego de uma faca, para não machucar a carne.

Em seguida, corte 4 porções, seguindo a espinha principal. Disponha em quatro pratos preaquecidos, com batatinhas à volta e salsa picada por cima. Mantenha os pratos aquecidos na boca do forno.

Em uma frigideira, aqueça a manteiga até ficar ligeiramente escura. No momento de servir, adicione, mexendo, o suco do limão e o sal refinado. Regue cada porção com este molho.

– Como, ainda estão falando de Dechambre? – indagou M. Verdurin, que nos havia precedido (...). Escute – disse ele a Brichot –, não é preciso exagerar em nada. Não é porque está morto que devemos transformá-lo no gênio que ele não era. Está entendido aqui que ele tocava bem, estava principalmente bem adaptado aqui; transplantado, não existia mais. Minha mulher entusiasmou-se por ele e fez a sua fama. Sabem como ela é. Direi mais, no interesse mesmo de sua reputação ele morreu no momento adequado, no ponto, como as lagostas de Caen, grelhadas conforme as receitas incomparáveis de Pampille, vão sê-lo, espero (a menos que se eternizem com suas jeremiadas neste casbah *aberto a todos os ventos).* (Sodoma e Gomorra)

SENHORITAS DE CAEN GRELHADAS NO FOGO ETERNO
Demoiselles de Caen grillées au feu éternel

Ingredientes: 2 lagostas de 1 kg cada, 60 g de manteiga meio salgada.

Ingredientes para o molho: 1 xícara de chá de vinho branco seco, 2 cebolas picadas, 1/2 colher de sopa de estragão picado, 1 xícara de chá de creme de leite fresco pouco consistente, 50 g de manteiga meio salgada, sal, pimenta, pimenta-caiena.

Ponha uma lagosta em cima de uma tábua; mantenha a cauda bem rente à tábua. Com um facão, corte-a ao meio, ao comprido. Retire a bolsa arenosa que se acha no alto da cabeça, bem como os intestinos e o coral (guarde estes dois últimos em uma tigelinha). Proceda da mesma forma com a segunda lagosta.

Molho: em uma panela, reduza a 1/4 o vinho branco com a cebola picada, em fogo forte, misturando com uma colher de madeira. Adicione o creme e o estragão picado. Reduza um pouco o fogo e deixe cozinhar devagar até obter um molho levemente encorpado; mexa de vez em quando.

Amasse a manteiga com o coral e os intestinos da lagosta. Reserve. Assim que o molho estiver pronto, junte a manteiga com o coral e os intestinos. Bata. Cozinhe de 4 a 5 min. e, em seguida, passe o molho na peneira. Prove. Acrescente 1 ou 2 pitadas de pimenta-caiena. Conserve o molho no calor.

Acenda o forno na posição de grelhar. Arrume as metades de lagosta (com a carne para cima) em uma assadeira. Sobre cada uma, coloque 15 g de manteiga sem sal. Posicione a assadeira na parte inferior do forno e asse por 7 ou 8 min. Se, passado esse tempo, as lagostas não dourarem, suba novamente a assadeira, mas não as retire sem que apresentem uma bonita cor dourada.

Em cada prato, disponha uma metade de lagosta. Sirva com o molho bem quente, em molheira escaldada.

Observação: se preferir a lagosta flambada, aqueça um pouco de conhaque em uma panela, flambe e derrame por cima de cada lagosta.

"... ele morreu no momento adequado, no ponto, como as lagostas de Caen, grelhadas conforme as receitas incomparáveis de Pampille, vão sê-lo..."

Como poderia sonhar ainda com a sala de jantar como se fosse um lugar inacessível, quando não podia fazer um movimento de espírito sem dar com os raios infrangíveis que dele emitia ao infinito, até ao meu passado mais distante, a lagosta americana que acabava de comer? (À sombra das moças em flor)

Lagosta à americana
Homards à l'américaine

Ingredientes: 2 lagostas de 800 g cada, 200 g de tomate, 100 g de manteiga sem sal, 100 g de cebola, 50 g de cebola roxa, 2 dentes de alho, 1 colher de sopa de salsa lisa picada, 1 colherinha de café de cerefólio picado, 1 colherinha de café de estragão picado, 1 folha de louro, 1 ramo de tomilho, 1 xícara de chá de caldo de peixe, 5 colheres de sopa de conhaque de boa qualidade, 1 colher de sopa de azeite, pimenta, pimenta-caiena.

Prepare o caldo de peixe (ver p. 142, *Linguado à normanda*). Descasque o tomate e corte-o em cubinhos. Descasque e pique as cebolas e o alho. Corte ao meio as lagostas (ver p. 147, *Senhoritas de Caen*) e, em seguida, em 3 ou 4 postas. Retire todas as partes cremosas da cabeça e passe-as pela peneira. Aqueça o azeite em uma panela grande, de fundo grosso. Quando estiver bem quente, frite durante 5 min. todos os pedaços do corpo da lagosta e durante 10 min. as pinças e a cabeça. Escorra-os sobre a panela e reserve.

Em 50 g de manteiga, refogue na panela o picadinho de cebola e alho até ficar levemente dourado; mexa de vez em quando. Flambe com o conhaque, adicione os cubinhos de tomate e o caldo de peixe, a salsa, o cerefólio, o tomilho e o louro. Tempere com uma pitada de pimenta moída e uma pitada de pimenta-caiena. Ferva e cozinhe em fogo brando por cerca de 15 min. Misture esse molho com as partes cremosas passadas na peneira. Prove o tempero. Adicione o restante da manteiga e do estragão (picado na hora) e engrosse, mexendo sem parar com uma colher de madeira.

Adicione todas as postas de lagosta ao molho (que você poderá coar, mas não obrigatoriamente). Retire o raminho de tomilho e a folha de louro. Aqueça por 3 min. sem ferver e sirva com arroz simples em um prato previamente aquecido.

– Esta manhã temos para o almoço ovos à cocotte, *filé com molho bearnês e batatas fritas. Gostas de filé bearnês? – Oh, claro, tio. – Muito bem! Tanto melhor. E, aliás, temos cadozes se o tio David os trouxe, não sei. Ah! Mas já são onze e quinze, é hora de partir se não quisermos perder a fritura...* (Jean Santeuil)

Manjubinha frita
Friture de goujons

Ingredientes: 1 kg de manjubinhas, 100 g de farinha de trigo, 1 maço de salsa crespa, 1 litro de óleo de soja, sal, pimenta.

Em uma frigideira, aqueça o óleo de soja. Tempere os peixes com sal e pimenta, polvilhando-os em seguida com uma camada fina de farinha de trigo.

Mergulhe os peixes no óleo fervente de 1 a 2 min., de acordo com a espessura. Depois, escorra em papel absorvente.

Lave e enxugue cuidadosamente a salsa crespa. Frite durante 15 segundos e depois escorra em papel absorvente. Espalhe por cima do peixe frito e sirva imediatamente.

... – E por um picadeiro onde um dos cavalos do pai de M. Santeuil, girando, fazia subir a água do canal até embaixo, onde Jean, escolhendo a sombra de uma árvore para não ser visto pelo peixe, pescava nutridas carpas rapidamente jogadas na grama, nos botões de ouro, nos pontos a que os cisnes, impedidos pela rede de arame que descia da pequena ponte rústica, não podiam acorrer. (Jean Santeuil)

Carpas ao molho de tomate
Carpes à la tomate

Ingredientes: 2 carpas de 800 g cada, 400 g de cebola, 1 g de amêndoas picadas, um punhado de passas Sultana, 1 colher de sopa de azeite, 1 colher de sopa de sal grosso, pimenta em grão.

Ingredientes para o molho grosso de tomate: 6 tomates grandes bem maduros, 1 cebola, 1 dente de alho, 1 ramo de tomilho, 1 folha de louro, 1 colher de sopa de azeite.

Peça ao peixeiro para preparar os filés de carpa. Prepare o molho grosso de tomate. Descasque e pique o tomate grosseiramente. Descasque e pique a cebola e o alho. Em uma panela, aqueça o azeite e refogue o alho, a cebola, o tomilho e o louro; acrescente o tomate e reduza o líquido em fogo baixo até que se evapore totalmente. Conserve o refogado no calor.

Ponha as passas de molho. Descasque e pique a cebola; refogue em azeite bem quente, em uma panela (grande o bastante para evitar que os filés de peixe fiquem muito superpostos). Assim que dourarem, adicione as amêndoas picadas e as passas. Tempere com sal e pimenta e mexa. Em seguida, adicione os filés de carpa, cobrindo-os com água fria. Cubra a panela com papel-alumínio para permitir um cozimento uniforme dos filés. Cozinhe o peixe durante 15 min. Retire os filés da água, mas conserve-os no calor.

Passe o caldo do cozimento pela peneira e adicione a mistura de cebola, passas e amêndoas.

Separe os filés em 4 porções iguais. Prove o tempero do molho grosso de tomate. Distribua esse refogado em 4 pratos preaquecidos. Em cima, deite os filés e depois cubra com o molho.

"Um jantar infinitamente melhor e mais divertido do que o jantar cotidiano... e cujo prazer e alegria é algo em que será difícil dizer qual destes contribui com a parte mais importante: se a luz viva da segunda lâmpada acrescentada naquele dia, se a fritura da entrada, o calor por estar mais perto da lareira..."

O "lado" de Villebon era de natureza bem diversa. Um de seus encantos estava no fato de que a todo instante reencontrávamos o Loir. Na primeira vez, ao sair da cidade, nós o atravessávamos por uma velha ponte de madeira (pouco mais que uma prancha com uma corda estendida por cima de um só lado, à guisa de parapeito), no fim da qual havia uma ameixeira que o verão cobria de folhas azuis e, sob a ameixeira, um pescador de chapéu de palha e roupa de alpaca, também parecendo ter sido levado até ali pelo bom tempo. No Loir, de tempos em tempos, uma carpa vinha bocejar de fome ou de nervosismo à superfície, numa espécie de grande suspiro enervado e de desejo do além. (No caminho de Swann, *esboço LIII*)

Carpa na cerveja
Carpe à la bière

Ingredientes: 4 filés de carpa com 150 ou 200 g cada (já sem as espinhas), 1/4 l de cerveja, 1/4 l de caldo temperado de peixe, 50 g de pão de especiarias, 100 g de cebola, 75 g de talo de aipo, 75 g de manteiga, sal, pimenta.

Descasque a cebola; limpe, lave e enxugue o aipo; fatie a cebola e o aipo. Corte o pão em cubinhos.

Deite metade da manteiga em uma panela, refogue a cebola e o aipo durante 5 min., sem deixar dourar. Adicione a cerveja, ferva e depois acrescente o caldo de peixe, fervendo mais uma vez. Em seguida, adicione o pão e coloque por cima os filés de peixe. Tempere com sal e pimenta, tampe e cozinhe em fogo brando por cerca de 5 min. (a duração do cozimento vai depender da espessura dos filés). Cozidos os filés, deite-os em uma travessa preaquecida.

Coe o molho na peneira e cozinhe-o até reduzir à metade. Prove o tempero. Adicione o restante da manteiga e bata o molho para aumentar de volume. Cubra os filés de carpa com o molho e sirva.

E é um divertimento para a imaginação dos olhos e também, não receio dizê-lo, para a imaginação do que antigamente se chamava a goela, ver trazerem um linguado, que nada tem dos linguados não frescos servidos nas mesas mais luxuosas e que, nos atrasos da viagem, moldaram as espinhas no dorso; um linguado servido não com a massa de cola que tantos grandes chefs preparam sob o nome de molho branco, mas com o verdadeiro molho branco feito de manteiga a cinco francos a libra (...). (O tempo recuperado)

Linguado ao molho branco
Barbue sauce blanche

Ingredientes: 4 filés de linguado de 150 a 200 g cada um, 60 g de cebola roxa picada, 60 g de manteiga, 3 colheres de sopa de creme de leite consistente, 30 g de farinha de trigo, 1 limão, sal, pimenta.

Derreta 30 g de manteiga em uma panela e refogue, durante 2 min., a cebola picada. Acrescente 1/4 l de água fria, ferva e adicione, mexendo, o creme de leite. Ferva de novo. Adicione os filés de linguado e tempere com sal e pimenta. Cozinhe em fogo baixo, com a panela tampada, por cerca de 5 min. (o tempo de cozimento depende da espessura dos filés).

Nesse meio-tempo, amoleça o restante da manteiga e, com a ajuda de um garfo, incorpore a farinha de trigo. Retire os filés, deitando-os em uma travessa preaquecida.

Ferva o caldo em que cozinhou o peixe. Acrescente a manteiga já misturada com a farinha. Mexa até obter um molho um pouco grosso. Prove o tempero. Adicione o suco de meio limão e mexa. Despeje este molho nos filés de linguado e sirva imediatamente.

Observação: você pode servir este prato com arroz simples ou com um prato de massa.

Para mamãe e Françoise, o sábado tinha outra importância; era no "conselho" de sábado pela manhã que se resolvia o que fazer para o jantar da família no domingo à noite. A ideia de um belo linguado, que há muito não comíamos, corroborada ainda pelo fato de que o último estava excelente e que meu tio o apreciava muito, entrava em luta contra a de uma perdiz com couves, que a seu favor contava com a razão circunstancial de que meu pai devia sair após o jantar, o que a tornava menos indigesta. (No caminho de Swann, *esboço XLIX*)

LINGUADO GRELHADO AO MOLHO HOLANDÊS
Turbat grillé sauce hollandaise

Ingredientes: 4 postas de linguado com 260 g cada uma, 50 g de farinha de trigo, 3 colheres de sopa de azeite, sal, pimenta.

Ingredientes para o molho holandês: 3 ovos, 200 g de manteiga clarificada (receita ao lado), 1 limão, 5 colheres de sopa de vinho branco seco, 1 cebola roxa picada, sal, pimenta-do-reino, pimenta-caiena.

Preaqueça o forno em temperatura média (180°C). Aqueça uma grelha em fogo alto. Polvilhe as postas com sal e pimenta e, em seguida, passe levemente na farinha.

Pincele as hastes da grelha com óleo e deite ali as postas ligeiramente atravessadas. Ao cabo de 1 min., gire as postas 1/4 de volta (para conseguir um quadriculado) e grelhe por mais 1 min. Recomece a mesma operação com o outro lado da posta. Depois de grelhar 2 min. de cada lado, coloque as postas em uma travessa refratária.

Faça o molho holandês (receita a seguir). Quando estiver pronto, ponha as postas de linguado no forno e deixe assar por cerca de 4 ou 5 min. Deite cada posta em um prato preaquecido, enfeitando-a com salsa picada. Sirva com o molho holandês à parte, em molheira.

Observação: batatas cozidas no vapor tornam este prato ainda mais saboroso.

MOLHO HOLANDÊS
Sauce hollandaise

Ingredientes: 3 ovos, 200 g de manteiga clarificada (ver abaixo), 1 limão, 5 colheres de sopa de vinho branco seco, 1 cebola roxa picada, sal, pimenta-do-reino, pimenta-caiena (opcional).

Em uma frigideira pequena, de fundo grosso, coloque a cebola roxa, o vinho branco, o suco de meio limão e leve ao fogo, sem tampa, até que todo o líquido evapore. Deixe esfriar.

Derreta a manteiga em fogo baixo.

Pegue de novo a frigideira e acrescente as gemas. Em seguida, coloque-a na água quente, em banho-maria, e bata sem parar com um batedor. Trabalhe com gestos largos, "atacando" os lados e o fundo do recipiente. O molho estará pronto quando adquirir consistência e formar uma fita ao ser levantado. Fora do fogo, incorpore aos poucos a manteiga. Tempere com sal e pimenta e acrescente, se desejar, uma ou duas pitadas de pimenta-caiena.

Coe o molho na peneira e sirva em molheira preaquecida.

Como fazer a manteiga clarificada:

Derreta a manteiga muito lentamente em uma panela de fundo grosso, até que se forme na superfície uma espuma, o que vai exigir, em princípio, cerca de vinte minutos.

Retire a panela do fogo e, com uma escumadeira, jogue fora a espuma queimada, cheia de impurezas. Em seguida, usando um pano ou filtro de papel, despeje a manteiga no recipiente em que pretende guardá-la na geladeira.

MILLE ET UNE NUITS.

MILLE ET UNE NUITS.
SINDBAD LE MARIN.

... Uma faixa de céu rubro ficava por sobre o mar compacto e recortado como carne congelada e, um instante após, sobre o mar já frio e azulado como o peixe a que chamam de tainha, o céu, do mesmo tom rosado de um desses salmões que dali a pouco nos iriam servir em Rivebelle, reavivava o prazer que eu teria em vestir a casaca para ir jantar. (À sombra das moças em flor)

Tainha com pepino
Mulets au concombre

Ingredientes: 2 tainhas de 800 g cada uma, 1 pepino grande, 3 colheres de sopa de vinagre branco, 1 raminho de tomilho, 1 folha de louro, 1 cenoura média, 1 cebola grande, sal grosso.

Ingredientes para o molho: 125 g de azeite, 1 ovo, 1 limão, 1 colher de sopa de creme de leite fresco, sal, pimenta.

Peça ao peixeiro para limpar o peixe. Algumas horas antes de preparar esta receita, corte o pepino em lâminas bem finas. Deixe no sal grosso para que solte todo o caldo; depois, separe as lâminas com um garfo, escorra e enxugue as fatias em um pano limpo. Limpe, lave e corte a cenoura em rodelas. Descasque e fatie a cebola.

Páginas anteriores:
"Os bolos e tortas me lembravam os pratos de sobremesa com bolinhos, das Mil e uma noites, *que tanto distraíam a tia Léonie com seus 'assuntos', quando Françoise lhe levava um dia,* Aladim *ou* A lâmpada maravilhosa, *outro dia,* Ali Babá, O dorminhoco acordado, *ou* Simbad, o Marujo *embarcando em Baçorá com todas as suas riquezas."*
Prato Simbad, o Marujo, Museu da Faiança de Montereau; prato do rei Dadbin, coleção Servoise, Paris.

Em uma panela própria para peixe, prepare um caldo com 2 l de água, o vinagre, o tomilho, o louro, as rodelas de cenoura e a cebola; tempere com sal grosso. Cozinhe em fogo baixo por cerca de 20 min. Mergulhe as tainhas no caldo e deixe cozinhar por 20 min. em fogo bem baixo. Escorra o peixe e pegue os filés com cuidado; mantenha-os aquecidos.

Durante o cozimento das tainhas, prepare o molho. Em uma tigela, bata a gema com o azeite (como para maionese); ponha sal e pimenta. Acrescente o suco do limão e o creme fresco (se o molho não crescer, adicione uma colher de água gelada e continue pingando o azeite). Prove.

Misture o pepino com um pouco do molho e arrume-o em um canto do prato. Com os dentes de um garfo, imprima-lhe um pouco mais de volume. Coloque o filé coberto de molho no espaço disponível.

... E um peixe cozido em molho de escabeche era trazido num longo prato de barro, onde, como se destacasse em relevo sobre camadas de ervas azuis, infrangível mas contorcido ainda por ter sido jogado vivo em água fervente, rodeado de um círculo de mariscos, animaizinhos satélites, caranguejos, camarões e mexilhões, era como se aparecesse numa cerâmica de Bernard Palissy. (O caminho de Guermantes)

Robalo cozido
Bar au court-bouillon

Ingredientes: 1 robalo de 1 kg a 1,2 kg, 300 g de manteiga, 1 limão, sal, pimenta.

Ingredientes para o caldo: 1 l de vinho branco, 1 l de água, 2 cebolas em fatias, 40 g de talos de salsa, tomilho, louro, sal grosso, pimenta em grão.

Peça ao peixeiro para limpar o peixe. Junte em uma panela (suficientemente grande para conter o robalo inteiro) todos os ingredientes do caldo. Ferva, abaixe o fogo e deixe cozinhar lentamente durante cerca de meia hora; em seguida, deixe esfriar.

Deite o robalo no caldo já frio, ferva sem pressa e deixe cozinhar lentamente por cerca de 30 min.

Durante o cozimento do peixe, prepare o molho. Em uma panelinha, adicione 2 colheres de sopa de água, uma pitada de sal, uma pitada de pimenta moída e metade do suco de limão. Ferva, adicione os 300 g de manteiga aos poucos, mexendo bem a panela; a manteiga deve ficar "ligada" e ter um aspecto leitoso (deve ser servida imediatamente). Prove o tempero.

"... Um peixe cozido em molho de escabeche era trazido num longo prato de barro (...) era como se aparecesse numa cerâmica de Bernard Palissy."

Depois de cozido, retire o robalo do caldo e deposite-o em um pano limpo a fim de escorrer. Sirva em uma travessa própria para mesa, com a manteiga à parte, posta em molheira.

Carnes

... A grande lâmpada do teto, sem saber de Golo ou de Barba-Azul, e que conhecia meus pais e o bife à caçarola, espalhava a sua luz de todas as noites... (No caminho de Swann)

BIFE À CAÇAROLA
Boeuf à la casserole

Ingredientes: 1 kg de chã de dentro, 700 g de cenoura, 200 g de cebola, 1/2 l de vinho branco seco, 30 g de toucinho gordo, 30 g de salsa picada, 1 bouquet garni*, sal, pimenta em grão.*

Peça ao açougueiro para cortar a carne em pedaços de 70 ou 80 g. Limpe e corte a cenoura em cubinhos de 1 cm de lado. Descasque e fatie a cebola.

Derreta o toucinho em uma panela. Quando estiver bem quente, frite-o rapidamente por inteiro e escorra logo em seguida. Coloque a carne na panela e deixe dourar. Preaqueça o forno em temperatura média (180°C).

Retire a carne da panela. Refogue a cebola e 200 g de cenoura até dourar de leve. Adicione o vinho branco. Ferva e acrescente o *bouquet garni*, os pedaços de carne e 10 grãos de pimenta. Em seguida, despeje água no recipiente, de maneira a cobrir a carne. Ferva. Cozinhe em forno brando por cerca de 1 1/2 h.

Limpe, lave e corte o restante da cenoura em rodelas de 0,5 cm de espessura. Tire a carne do forno e deite-a em outra panela. Passe o molho na peneira e junte-o à carne, com as cenouras em rodelas. Prove o tempero e misture. Se necessário, coloque novamente no forno durante 1/2 h.

Sirva a carne com cenoura em uma travessa previamente aquecida, enfeitada com bastante salsa picada.

Hoje de manhã, o diabo do cozinheiro me fez uma perna de carneiro assada, com molho bearnês, reconheço que foi caprichado, mas justamente por isso comi tanto que ainda me pesa no estômago. (O caminho de Guermantes)

PERNIL DE CORDEIRO AO MOLHO BÉARNAISE
Gigot d'agneau, sauce béarnaise

Ingredientes: 1 perna de cordeiro com 2,4 kg, 1/2 xícara de café de azeite, 80 g de manteiga, 3 cebolas, 1 cabeça de alho, 1 colherinha de café de tomilho, 2 folhas de louro, sal, pimenta, 200 g de molho béarnaise *(receita na p. 158).*

Preaqueça o forno em temperatura muito alta (220°C). Descasque e corte as 3 cebolas ao meio. Aqueça uma chapa grande previamente untada com azeite. Tempere a perna de cordeiro com sal e pimenta e, em seguida, doure-a na chapa bem quente.

Quando estiver com uma cor bonita, unte-a com manteiga, disponha em volta a cebola cortada, a cabeça de alho partida ao meio, o tomilho e o louro. Coloque no forno durante 55 min. Se perceber que a cebola está queimando, derrame um copo d'água.

Depois de assado, retire o pernil do forno e deixe descansar por 30 min., o que o deixará mais macio (para que permaneça quente, envolva-o em papel-alumínio ou deixe-o no forno 3 ou 4 min. antes de servir). Corte e sirva imediatamente com o molho *béarnaise*.

Observação: para acompanhar esta carne, não hesite em servir batata *sautée* ou simplesmente vagem passada na manteiga.

MOLHO BÉARNAISE
Sauce béarnaise

Ingredientes: 200 g de manteiga clarificada (ver Molho holandês, *p. 151), 3 ovos, 1/2 xícara de chá de vinagre de vinho, 30 g de cebola roxa, 2,5 g de pimenta do reino levemente socada, 1 colher de sopa + 1 colherinha de café de estragão picado, 1 colherinha de café de cerefólio picado, sal, pimenta-caiena.*

Derreta lentamente a manteiga clarificada. Descasque e pique bem fino a cebola.

Em uma frigideira, adicione o vinagre, a pimenta triturada, o picadinho de cebola roxa e 1 colher de sopa de estragão picado. Reduza a mistura a 3/4 em fogo forte. Deixe esfriar.

Adicione então 3 gemas e 3 colheres de sopa de água fria. Misture bem com um batedor, em fogo brando. Aumente o fogo aos poucos, pois o cozimento deve ser feito bem devagar. Retire a frigideira do fogo quando a emulsão ficar com a consistência de um creme untuoso. Corte a manteiga em vários pedaços e incorpore-os, suavemente, mexendo sem parar.

Passe o molho pela peneira, espremendo-o com o auxílio de uma colher. Tempere com sal e pimenta, adicione 1 ou 2 pitadas de pimenta-caiena, 1 colherinha de café de estragão picado e 1 colherinha de cerefólio picado.

Mantenha o molho *béarnaise* em banho-maria até utilizá-lo.

Ninguém se sentia constrangido em mandar chamá-lo quando havia necessidade de molho gribiche ou de salada de ananás para os grandes jantares aos quais não o convidavam (...) esse primitivo Swann cheio de lazeres, perfumado pelo aroma da grande castanheira, da cestinha de framboesas e de um tantinho de estragão. (No caminho de Swann)

MOLHO GRIBICHE
Sauce gribiche

Ingredientes: 6 ovos, 1/2 l de óleo de soja, 60 g de pepininhos em conserva, 40 g de alcaparras, 2 colherinhas de café de mostarda, 1 colher de sopa de salsa picada, 1/2 colher de sopa de cebolinha verde picada, 1/2 colher de sopa de cerefólio picado, 1 colherinha de café de estragão picado, sal, pimenta.

Cozinhe os ovos e deixe-os esfriar. Em uma tigela funda, esmague as gemas com a mostarda. Misture bem até obter uma pasta lisa. Adicione o azeite gota a gota, como se fosse para maionese.

Pique as claras, os pepininhos e as ervas aromáticas. Finalize o molho incorporando o vinagre, as ervas, os pepininhos, as alcaparras e as claras. Tempere com sal e pimenta.

Observação: este molho serve para acompanhar carnes ou peixes frios.

... Ia ela mesma aos Halles para obter os mais belos pedaços de alcatra, de pernil de vaca e de mocotó de vitela, tal como Miguel Ângelo quando passava oito meses nas montanhas de Carrara. (À sombra das moças em flor)

Carne no molho gelatinoso
Bœuf mode en gelée

Ingredientes: 1 kg de chã de dentro recheada de toucinho, 200 g de cebola pequena, 200 g de cenourinha, 50 g de toucinho gordo, 1 pé de vitela, 4 ovos, 20 g de manteiga, sal grosso.

Ingredientes para a vinha-d'alhos: 1 xícara de chá de conhaque, 1,5 l de vinho tinto, 200 g de cenoura, 200 g de cebola, 2 folhas de louro, 2 raminhos de tomilho, 2 raminhos de salsa.

No dia anterior: recheie a carne com toucinho salgado e pedacinhos de toucinho fresco. Depois, amarre com um barbante.

Vinha-d'alhos: descasque e fatie a cebola. Descasque, lave e enxugue a cenoura; corte-a em cubinhos ou em rodelas. Em uma terrina grande, despeje 2 xícaras de chá de vinho tinto e 1/2 xícara de chá de conhaque. Acrescente todos os demais ingredientes da vinha-d'alhos. Misture e coloque sobre a carne. Cubra o recipiente com filme de PVC e guarde na geladeira por 12 h.

No dia: preaqueça o forno em temperatura média (180ºC). Escorra a carne em cima da vinha--d'alhos. Em um grande assadeira, derreta o toucinho gordo. Quando estiver derretido e bem quente, frite rapidamente a carne por igual. Despeje o restante do conhaque e flambe. Adicione o restante do vinho tinto e reduza 1/4.

Coloque a vinha-d'alhos e os legumes na panela e complete com água até cobrir a carne.

Escalde o pé de vitela, deixando-o depois por 5 min. na água fria.

Junte o pé de vitela à carne. Ferva. Ponha sal, mas não muito (não se esqueça de que a carne já está recheada com toucinho salgado). Tampe e deixe assando no forno por no mínimo 3 h.

Descasque a cenourinha e a cebola. Quando a carne estiver assada, retire e escorra (mas não desligue o forno). Coe o molho na peneira.

Limpe a panela com papel absorvente. Derreta a manteiga e doure ligeiramente a cebola e a cenoura. Em seguida, adicione o molho do assado na panela, com a carne no meio, tampe e, se necessário, deixe novamente no forno durante 1 h. Retire do forno quando estiver completamente assada.

Em uma outra panela, passe o caldo em uma peneira e ferva. Deixe esfriar, bata as 4 claras em neve, despeje no caldo frio e leve-o novamente a ferver para clarificá-lo (as impurezas vão se juntar às claras). Coe, sem mexer, em uma peneira forrada com pano fino.

Desamarre a carne, corte em fatias finas de 0,5 cm de espessura e deite-as em uma travessa rasa. Por cima, ponha a cenoura e a cebola. Derrame o caldo do cozimento (gelatinoso) por cima da carne e guarde na geladeira por um mínimo de 3 h.

E, desde a véspera, Françoise mandara cozer, no forno do padeiro, protegido por uma camada de miolo de pão como um mármore cor-de-rosa, o que ela denominava presunto de New'York. *Julgando o idioma menos rico do que é e seus próprios ouvidos não muito confiáveis, sem dúvida na primeira vez que ouvira falar do presunto de York pensara – achando um desperdício inacreditável*

do vocabulário que pudesse existir, ao mesmo tempo, York e Nova York – não ter ouvido direito e que lhe tinham querido dizer o nome que ela já conhecia. (À sombra das moças em flor)

PRESUNTO DE YORK ASSADO
Jambon d'York au four

Ingredientes: 1 presunto cru inteiro levemente salmourado, 2 xícaras de chá de vinho Madeira, sal, pimenta.

Antes de começar a fazer esta receita, deixe o presunto de molho em água fria durante 6 h.

Ponha o presunto em uma panela, cobrindo-o com água fria. Ferva, retire a espuma e cozinhe em fogo lento, de borbulhas pequenas. Calcule 20 min. de cozimento para cada meio quilo. Meia hora antes do final do cozimento, retire o presunto do caldo, remova a pele e o excesso de gordura. Preaqueça o forno a 160°C.

Coloque o presunto em uma travessa de metal com o vinho Madeira, tampe hermeticamente e asse no forno durante 1 h.

Molho: aproveite o caldo do cozimento inicial e reduza-o a 1/4. Adicione uma xícara de chá do caldo com o vinho Madeira e cozinhe por 15 min. em fogo baixo (se o molho estiver ralo demais, é possível engrossá-lo com um pouco de maizena). Prove o tempero.

Corte o presunto, cubra com o molho e sirva imediatamente.

Observação: é possível caramelizar o presunto, caso se queira apresentá-lo por inteiro. Depois de regá-lo com o molho Madeira, basta colocá-lo novamente em forno alto para que o molho o caramelize.

Num açougue, onde à esquerda havia uma auréola de sol e à direita um boi inteiro pendurado, um açougueiro muito alto e magro, de cabelos louros, com o pescoço saindo de um colarinho azul-celeste, separava, com rapidez vertiginosa e uma religiosa consciência, de um lado os filés mais escolhidos e de outro a pior alcatra, (...) (embora a seguir só se ocupasse em arrumar no mostrador os rins, turnedôs e entrecostos) dava na realidade muito mais impressão de um belo anjo que no Dia do Juízo Final irá preparar para Deus, conforme suas qualidades, a separação dos Bons e dos Maus, e efetuar a pesagem das almas. (A prisioneira)

RINS DE VITELA AO CONHAQUE
Rognons de veau à la fine champagne

Ingredientes: 3 rins de vitela médios bem brancos, 80 g + 70 g de manteiga, 50 g de cebola roxa picada, 200 g de cogumelos de Paris, 1 xícara de café de conhaque de boa qualidade, uma xícara de chá de creme de leite, 1 limão, 1 colher de sopa de mostarda de Dijon, 1 colher de sopa de salsa lisa picada, sal, pimenta.

Preaqueça o forno a 190°C. Escolha uma panela refratária grande o suficiente para conter os rins. Retire a película que os envolve. Derreta 50 g de manteiga na panela e refogue os rins em fogo alto até que adquiram uma cor bonita; em seguida, coloque a panela no forno durante 14 min. Os rins estarão cozidos. Deite-os em um prato fundo coberto por outro igual.

Retire a gordura queimada da panela. Leve-a ao fogo e refogue a cebola roxa sem deixar dourar. Adicione o conhaque e reduza o líquido a 1/4; em seguida, junte o creme e reduza até encorpar.

Corte 80 g de manteiga em pedacinhos e vá juntando ao creme, sempre batendo. Adicione 1/4 do suco do limão e a mostarda. Misture bem o molho sem deixá-lo ferver. Prove o tempero.

Limpe, lave, enxugue e fatie os cogumelos. Em seguida, refogue-os na frigideira com 20 g de manteiga. Acrescente o refogado ao molho.

Corte os rins em fatias bem finas e misture cuidadosamente ao molho com o próprio caldo. Salpique salsa picada e um pouco de pimenta moída. Aqueça sem deixar ferver. Coloque os rins com o molho em 4 pratos preaquecidos. Sirva em seguida.

Teria curiosidade de julgar o seu Vatel agora numa iguaria inteiramente diversa; gostaria, por exemplo, de encontrá-lo às voltas com a carne à Strogonoff. (À sombra das moças em flor)

Carne à Strogonoff
Bœuf Stroganoff

Ingredientes: 700 g de filé mignon, 150 g de cebola, 1/2 xícara de chá de vinho branco, 2 xícaras de chá de creme de leite fresco pouco consistente, 80 g de manteiga, 3 colheres de sopa de óleo de soja, 1 1/2 cubinho de caldo de carne, sal, pimenta, páprica.

Corte a carne em tirinhas de aproximadamente 1,5 cm de largura e 4 cm de comprimento. Tempere com sal e um pouco de páprica.

Aqueça metade da manteiga e o óleo em uma frigideira. Quando a manteiga ficar levemente escura, refogue a carne rapidamente para que adquira uma cor bonita, embora malpassada. Retire do fogo e coloque em um prato.

Remova a gordura da frigideira, aqueça-a e refogue a cebola por 3 a 4 min., sem deixar que doure. Adicione o vinho branco e reduza à metade. Acrescente o creme de leite, o cubinho de caldo e 2 pitadas de páprica. Mexa, cozinhe e reduza em fogo brando. Assim que o molho adquirir uma consistência untuosa, adicione o restante da manteiga, batendo sem parar. Misture a carne com o molho, prove o tempero e sirva a seguir.

"Eis um boi no açougue... Rembrandt não pintou coisas assim, isto são os seus gostos, essas ideias que para cada grande homem são ele mesmo..."
Rembrandt Van Rijn, O boi esfolado, *Museu do Louvre, Paris.*

Desde a manhã, antes de nos vestirmos, sem motivo, pelo prazer de experimentar a força da solidariedade, dizíamos uns aos outros de bom humor, com cordialidade e patriotismo: "Não há tempo a perder, não nos esqueçamos que hoje é sábado!", ao passo que minha tia, conferenciando com Françoise e imaginando que o dia seria mais comprido que de hábito, dizia: "Bem que você poderia assar um bom pedaço de vitela, já que hoje é sábado". (*No caminho de Swann*)

Assado de vitela
Rôti de veau en cocotte

Ingredientes: 1 kg de alcatra de vitela, 3 cebolas grandes, 3 dentes de alho, 4 batatas grandes de consistência firme, 50 g de manteiga, 3 colheres de sopa de óleo de soja, 50 g de bacon, 1 raminho de tomilho, 2 folhas de louro, sal, pimenta.

Preaqueça o forno a 180ºC (temperatura média). Corte o bacon em tiras bem finas. Prenda essas tiras à carne com um barbante. Tempere com sal e pimenta. Descasque, lave, seque e corte a batata em 4. Descasque a cebola e corte em 6 partes. Descasque o alho.

Em uma panela refratária, aqueça o óleo em fogo alto e ponha a carne, dourando-a por inteiro. Em seguida, retire. Jogue fora a gordura utilizada e, em fogo baixo, refogue a cebola, o alho, o tomilho e o louro durante 1 min. Deite a carne nesse refogado, cubra com cubinhos de manteiga, tampe e leve ao forno por cerca de 45 min.

Quinze minutos após o início do cozimento, arrume as batatas já cortadas em volta da carne e continue a assá-la. Se a cebola escurecer, derrame um copo de água na panela. Se necessário, repita o procedimento.

Retire o barbante, fatie a carne e sirva quente, com a guarnição de batata em volta.

Observação: também é possível servir este prato com salada verde.

... Um prato de carne estufada (...) e em que a carne se impregne do odor das cenouras. (À sombra das moças em flor)

Ensopado de carne
Daube de bœuf

Ingredientes: 1 kg de chã de dentro, 300 g de bacon fatiado, 500 g de cenoura, 200 g de cebola, 100 g de cogumelos de Paris, 100 g de tomate, 1 bouquet garni*, 1/2 cabeça de alho, 1,5 l de vinho tinto, sal, pimenta.*

No dia anterior: corte ou peça ao açougueiro para cortar a carne em pedaços de mais ou menos 75 g. Em uma tigela, ponha a carne e o vinho com um pouco de tempero. Cubra e guarde na geladeira.

No dia: escorra a carne. Forre os lados e o fundo de uma panela refratária com as fatias de bacon.

Descasque, lave e enxugue a cenoura; corte em rodelas de 0,5 cm de espessura. Descasque a cebola e corte também em rodelinhas. Limpe, lave e enxugue o cogumelo; corte em 4. Retire a pele e as sementes do tomate e corte em 4. Descasque o alho.

Na panela, arrume uma camada de cenoura, cebola e cogumelo. Por cima, os pedaços de carne e, depois, o restante dos legumes com o tomate, o alho e o *bouquet garni.* Tempere e adicione a vinha-d'alhos. Complete com água, de maneira que cubra toda a carne. Tampe hermeticamente e leve a forno médio por cerca de 3 horas. Sirva na própria panela.

Observação: esta carne combina bem com massa fresca.

Havia também a pequena marmita. Da primeira vez em que houve alusão a ela, eu ignorava o que poderia ser. E ele, se o sabia por já tê-la provado, apesar de tudo se prendia um pouco à mesma informação para indicar sua receita. "Não poderia explicar muito bem", disse. "Creio que se põem alguns pedaços de carne de boi cuidadosamente escolhidos, com moelas de frango e uma certa quantidade de outras coisas pequenas. E é necessário que isto cozinhe por muito tempo, em fogo brando. Mas é delicioso." (Céleste Albaret, Monsieur Proust)

Cozido de carne com legumes
Petite marmite

Ingredientes: 1 kg de chã de dentro, 1,5 kg de costela de boi, 200 g de cenoura, 150 g de nabo, 150 g de talo de aipo, 200 g de alho-poró miúdo, 200 g de repolho, 8 asinhas de frango, 4 ossos de tutano, 20 fatias de pão em bisnaga, 12 cebolas miúdas, 2 cubinhos de caldo de carne, óleo de soja, queijo gruyère ralado (opcional), sal grosso, pimenta em grão.

Em uma panela, cozinhe a chã de dentro e a costela em água com sal grosso em quantidade suficiente para cobri-las. Quando estiver fervendo, retire com uma escumadeira todas as impurezas que subirem à superfície. Acrescente os cubinhos de caldo.

Remova sob água corrente o sangue de dentro dos ossos de tutano. Descasque, lave e corte em lascas (de 3 cm de comprimento por 5 cm de espessura) a cenoura, o nabo e o aipo. Descasque, lave e corte em pedacinhos de 3 cm de comprimento a parte branca do alho-poró. Descasque a cebola e doure em óleo quente, na frigideira, junto com as asinhas de frango. Quando ficarem bem douradas, retire e deite-as com os legumes (exceto o repolho) no caldo com a carne. Ferva e deixe cozinhar 2 h em fogo brando.

Prepare o repolho: retire as folhas menos verdes e as nervuras grossas; lave as que vai usar e escalde por 5 min. em uma panela com água fervente e sal. Passe a seguir em água fria corrente, depois enxugue e reserve.

Depois de 1 hora de cozimento, retire o nabo para o caldo não ficar com um gosto muito forte. Retire também a parte branca do alho-poró, que poderia desmanchar. Em lugar dele ponha o repolho bem escorrido e cozinhe por mais 1 h.

Separe um pouco do caldo para cozinhar os ossos do tutano numa panelinha à parte, de 15 a 20 min. Deixe apenas um pouco do caldo sobre o tutano, para mantê-lo úmido, e devolva o restante para a panela. Verifique se a carne está cozida. Caso esteja, retire e distribua os legumes em 4 panelinhas de barro, deitando lascas de nabo em cada uma delas.

Com o repolho, confeccione 4 trouxinhas. Para isso, ponha uma folha grande de repolho dentro de um pano limpo; pegue as 4 pontas do pano e agite até que toda a água saia e o repolho forme uma trouxinha. Ponha estas trouxinhas nas panelinhas de barro, assim como as asinhas de frango e um pedaço de carne de cada tipo. Coe o caldo em um coador de pano (o caldo deve sair límpido e com um bonito tom amarronzado). Ferva, prove o tempero e encha as panelinhas com o caldo.

Torre as fatias de pão, enfeite cada uma com uma rodelinha de tutano e jogue-as em cima do caldo de cada panelinha. Em cima do tutano acrescente uma pitada de pimenta moída. Sirva bem quente, com um pouco de gruyère ralado à parte.

Caça e aves

Temos pressa em voltar para casa porque justamente hoje vamos comer suas famosas lebres, que aliás estavam com um cheiro divino. (Jean Santeuil)

GUISADO DE LEBRE AO VINHO TINTO
Civet de lièvre

Ingredientes: 1 lebre de tamanho médio (cerca de 1,4 kg), 2 l de vinho tinto, 200 g de toucinho magro, 200 g de cebolas, 20 cebolas pequenas, 2 dentes de alho, 2 colheres de sopa de farinha de trigo, 20 cogumelos de Paris pequenos, 80 g de salsa, 1 bouquet garni, *100 g de manteiga, cerveja, 4 fatias de pão de forma, 2 colheres de sopa de vinagre, sal grosso, sal comum, pimenta.*

Ingredientes para a vinha-d'alhos: 2 colheres de sopa de conhaque, 2 colheres de sopa de azeite, 100 g de cebola, sal, pimenta.

No dia anterior: tire a pele da lebre e corte a carne em pedaços. Coloque o fígado e o sangue (pode ser de galinha) em uma tigela com 2 colheres de vinagre para que o sangue permaneça líquido. Guarde na geladeira.

Descasque e fatie 100 g de cebola. Em uma tigela grande, ponha todos os elementos da vinha-d'alhos e os pedaços de lebre; tempere com sal e pimenta. Tampe e deixe na geladeira, com a vinha-d'alhos, durante toda uma noite. Vire os pedaços de lebre de vez em quando.

No dia: tire a pele do toucinho e corte-o em pequenos pedaços. Cubra-os com água fria. Ferva e cozinhe em fogo baixo durante 4 min. Em seguida, passe o toucinho na água fria corrente e enxugue com um pano limpo. Descasque o alho, a cebola pequena e a cebola grande. Limpe o cogumelo e fatie a cebola.

Em uma panela, derreta 30 g de manteiga. Quando esquentar, refogue os pedacinhos de toucinho. Mexa. Quando dourarem, retire. No lugar, refogue por igual os pedaços de lebre (já escorridos e enxutos). Quando dourarem, retire. Adicione, então, a cebola. Para que pegue cor, use a cerveja. Em seguida, acrescente a farinha de trigo; mexa e faça uma pasta. Ponha o vinho tinto, ferva, acrescente o alho e o *bouquet garni.* Novamente, coloque todos os ingredientes na panela. Tempere com sal grosso e pimenta e deixe cozinhar, em fogo baixo, por cerca de 1 h.

Durante o cozimento da lebre, refogue as cebolas pequenas em um pouquinho de manteiga até pegarem cor. Depois de lavar e enxugar os cogumelos, frite-os rapidamente em um pouco de manteiga. Uma vez cozidos, retire-os e despeje seu molho na panela.

Na frigideira, doure as fatias de pão de forma em manteiga quente (fogo baixo).

Uma vez que a lebre esteja cozida, retire os pedaços e deite-os em uma panela com a cebola e os cogumelos. Frite o fígado da lebre e corte em 4 fatias pequenas. Reserve.

Ponha o molho da panela para ferver; depois, fora do fogo, adicione o sangue e bata para terminar de misturar. Depois de coar, despeje o molho em cima da carne e deixe esquentar um pouco (mas sem ferver).

Deite a carne em uma travessa preaquecida, com fatias de pão à volta, fatias de fígado e salsa picada para enfeitar.

Observação: o guisado de lebre pode ser servido com massa fresca ou um gratinado de aipo.

"Vendo que lhe confia os segredos que deles guardava, eles não esconderão mais e os confiarão ao senhor mesmo. A natureza-morta se tornará principalmente natureza-viva. Como a vida, terá sempre algo de novo a dizer, algum prestígio a fazer brilhar, algum mistério a revelar; a vida cotidiana há de encantá-lo se, durante alguns dias, o senhor ouvir sua pintura como se fosse um ensinamento; e por haver compreendido a vida de sua pintura, terá conquistado a beleza da vida."
Jean-Baptiste Chardin, Coelho morto com perdiz vermelha e laranja-azeda, *Museu da Caça e da Natureza, Paris.*

Pois conseguira que Françoise, pacifista porém cruel, prometesse que não faria sofrer demais o coelho que ia matar, e não tivera notícias dessa morte; Françoise me assegurou que tudo se passara no melhor dos mundos e bem depressa: – Nunca vi um bicho assim; morreu sem soltar um guincho, poderia jurar que era mudo. (À sombra das moças em flor)

Coelho com bacon
Lapin au lard

Ingredientes: 1 coelho de aproximadamente 1,3 kg, 200 g de bacon semidefumado, 600 g de batata de consistência firme, 150 g de cebola picada, 1/4 l de vinho branco seco, 1 colher de sopa de óleo, 30 g de salsa picada, sal.

Peça ao vendedor para cortar o coelho em 8 pedaços. Corte o bacon semidefumado em tirinhas e coloque em uma panela com água fria. Ferva. Após 1 min., retire do fogo e mergulhe as tirinhas em água fria. Reserve.

Descasque e seque a batata. Caso sinta necessidade de lavá-la, agite-a rapidamente. Corte em cubinhos de 2 cm de lado e reserve em um pano limpo. Salgue os pedaços de coelho.

Em uma panela, aqueça o óleo. Assim que estiver quente, refogue o coelho. Quando dourar por igual, retire. Frite rapidamente as tirinhas de bacon, retire e escorra. Em seguida, doure por igual os cubinhos de batata, retire com uma escumadeira e escorra. Por fim, refogue a cebola, adicione o vinho branco e reduza a 1/4.

Adicione os pedaços de coelho e água suficiente para cobrir a carne. Tampe e cozinhe em fogo médio por cerca de 20 min. Acrescente, então, os cubinhos de batata e as tirinhas defumadas. Continue o cozimento por cerca de 15 min. (mexendo bem devagar, para não amassar a batata). Verifique se o tempero e o ponto de cozimento estão bons.

Deite os pedaços de coelho na travessa preaquecida, regue com o molho e adicione a batata. À hora de servir, decore com salsa picada.

– Saint-Loup, do brônzeo capacete – disse Bloch –, coma mais um pouco deste pato de gordurosas coxas, sobre as quais o ilustre sacrificador de voláteis derramou numerosas libações de vinho tinto. (À sombra das moças em flor)

Marreco com jabuticaba
Canard sauvage aux airelles

Ingredientes: 2 marrecos, 2 l de vinho tinto, 50 g de açúcar, 50 g de jabuticabas, 50 g de cebola, 50 g de manteiga, 1 xícara de chá de vinagre, 3 cm de casca de limão, 3 cm de casca de laranja, 1 cm de canela em pau, 20 grãos de coentro, 20 grãos de pimenta, 3 folhas de manjericão, 1 bouquet garni, *1 colher de sopa de maizena, sal, pimenta moída.*

Preaqueça o forno em temperatura média (180°C). Prepare o caramelo com o vinagre: em uma panela, doure o açúcar, jogue o vinagre e deixe todo o líquido evaporar. Adicione, então, 1 l de vinho, os grãos de coentro e de pimenta, a casca dos cítricos, a canela, e cozinhe em fogo brando até o líquido evaporar.

Depois de depenar cuidadosamente os marrecos, flambe e prenda-os com um barbante. Tempere com sal e pimenta. Em fogo alto, aqueça uma panela refratária. Nela, deite os marrecos, lado do peito. Formada a crosta, ponha a panela no forno por cerca de 10 min. Retire e deixe os marrecos descansarem por cerca de 20 min. Depois, corte os filés e as coxinhas, conservando-os aquecidos.

Descasque e fatie a cebola. Triture as carcaças, junte-as à cebola e leve ao fogo. Quando tudo estiver dourado, despeje o segundo litro de vinho. Ferva e acrescente, então, o *bouquet garni* e as folhas de manjericão. Adicione o caramelo e cozinhe em fogo moderado. O molho deve ser reduzido à metade (o suficiente para 4 pessoas). Engrosse com a maizena diluída em um pouco d'água fria. Mexa bem e depois experimente o tempero e a acidez. Adicione as jabuticabas, 1 colher de sopa de manteiga e mexa devagar até ficar consistente. Aqueça de novo os filés cortados ao comprido.

Arrume nos pratos em leque e cubra com o molho. Para degustar as coxinhas, grelhe-as no forno por cerca de 15 min., até assarem. Sirva em cima de folhas de alface, após o filé, ou no mesmo prato do filé.

Observação: este prato pode ser servido com purê de castanha portuguesa.

Na casa da princesa de Guermantes, entre mulheres que não eram aquelas em meio às quais eu as via habitualmente, as amigas da duquesa tornavam-se outras. A intimidade delas com a princesa de Hesse de súbito me recordava o que havia esquecido, à força de imaginar, antes de descer para a casa da duquesa, a presença provável das Mmes d'Arpajon e de Souvré, como parte integrante e comum do jantar, análoga ao frango à caçadora ou carne de boi à Strogonoff – que elas representavam, na qualidade de marquesa d'Arpajon ou duquesa de Souvré, o papel que seus antepassados tinham desempenhado. (Sodoma e Gomorra, *Caderno II e datilografia*)

Frango à caçadora
Poulet sauté chasseur

Ingredientes: 1 frango de 1,4 kg, 80 g de manteiga, 5 colheres de sopa rasas de óleo de soja, 200 g de cogumelos de Paris, 30 g de cebola roxa picada, 1 cubinho de caldo ou 1 xícara de chá de caldo de vitela ou de carne, 1/2 xícara de café pequena de vinho branco seco, 3 colheres de sopa de conhaque, 1/2 colher de sopa de estragão picado grosso, 1/2 colher de sopa de cerefólio cortado, sal, pimenta.

Solicite ao vendedor para abrir e cortar o frango em pedaços. Lave, seque e fatie o cogumelo. Preaqueça o forno em temperatura alta (200ºC). Tempere o frango com sal e pimenta.

Em uma panela refratária derreta 50 g de manteiga com o óleo. Quando a gordura fumegar, ponha os pedaços de frango com o lado da pele para baixo. Assim que dourar, vire e toste os pedaços. Depois, ponha a panela no forno durante 18 min. Espete com uma faca de cozinha a junção da coxa para verificar se os pedaços maiores estão bem assados: se o caldo sair rosado, continue a assar por mais alguns minutos. Retire, então, o frango da panela.

Jogue fora a gordura do recipiente e refogue, em fogo baixo, a cebola, mexendo com uma colher de madeira. Adicione os cogumelos, refogue com o fogo mais forte. Não tampe. Quando a água desprendida tiver evaporado, regue com o conhaque e flambe. Acrescente o vinho branco e reduza 3/4 de seu volume; ponha o cubinho de caldo, ou o caldo de vitela, se tiver. Tempere com sal e uma pitadinha de pimenta e cozinhe durante 4 ou 5 min. Incorpore o restante da manteiga, sempre batendo. Prove o tempero.

Arrume os pedaços de frango na travessa e aqueça durante alguns minutos. No momento de servir, cubra com o molho. Decore com estragão e cerefólio cortados bem finos, para que desprendam todo o seu aroma.

Tendo M. de Guermantes declarado (continuando com os aspargos de Elstir e os que acabavam de ser servidos após o poulet financière*) que os aspargos verdes crescidos ao ar livre (...) deveriam ser comidos com ovos, comentou M. de Bréauté: – o que agrada a uns desgosta a outros, e vice-versa. Na província de Cantão, na China, não nos podem oferecer algo mais refinado que ovos de hortulana completamente podres.* (O caminho de Guermantes)

FRICASSÉE DE FRANGO À *FINANCIÈRE*
Fricassée de poulet financière

Ingredientes: 1 frango de 1,5 kg, 100 g de presunto magro, 300 g de cogumelos de Paris, 100 g de manteiga, 100 g de rins de galo, 100 g de cristas de galo, 1 xícara de chá de vinho Madeira, 1 xícara de café pequena de caldo de vitela ou 1 cubinho de caldo de carne, 5 g de pimenta moída, 2 folhas de louro, 1 raminho de tomilho, 10 g de salsa picada, 4 fatias de pão de forma, sal grosso, sal comum.*

Peça ao vendedor para cortar o frango em 8 pedaços. Corte o presunto em cubinhos. Tempere com sal, por igual, os pedaços de frango. Limpe, lave e enxugue os cogumelos e depois separe os chapéus dos talos.

Aqueça 30 g de manteiga e, quando ficar dourada e quente, refogue os pedaços de frango. Assim que dourarem bem, por inteiro, retire. Deite, então, os talos de cogumelos. Frite rapidamente e acrescente o presunto, o louro, o tomilho e a pimenta moída. Refogue tudo, mexendo de vez em quando. Em seguida, despeje 2 xícaras de chá de vinho Madeira. Reduza em fogo brando, até que todo o líquido evapore. Adicione o cubinho de caldo (com um pouquinho d'água) ou o caldo de vitela e, em seguida, as coxinhas de frango. Cozinhe em fogo baixo. Adicione as asinhas 10 min. depois.

Retire a casca das fatias de pão e dê ao miolo o formato de um coração; refogue na frigideira em manteiga escura. Cozinhe as cristas de galo em água fervente com sal durante cerca de 20 min. Passe em água fria e enxugue. Retire a pele que envolve os rins de galo.

Em um pouco de manteiga quente, refogue os chapéus de cogumelo. Reserve. Despeje o caldo desprendido na panela onde os pedaços de frango estão cozinhando. Refogue também os rins na manteiga quente. Eles devem ficar levemente dourados. Retire os pedaços de frango e deite em outra panela. Coe o molho na peneira e ferva em uma panelinha. Prove o tempero. Adicione o restante do Madeira com 1 colher de sopa de manteiga. Mexa. Acrescente o cogumelo, as cristas e os rins de galo. Cozinhe tudo junto durante 10 min.

Ponha um coração de miolo de pão no centro de cada prato, um pedaço de frango por cima e, à volta, a guarnição. Enfeite com salsa.

* Os rins de galo podem ser substituídos por rins de vitela; as cristas de galo não são fundamentais na receita.

Comíamos perdizes deliciosas, cozidas com um cuidado especial para um amigo do senhor marquês, pela dona da cantina, bebendo champanha Clicquot. (O caminho de Guermantes, *esboço XV*)

PERDIZ AO CHAMPANHE
Perdreaux au champagne

Ingredientes: 4 perdizes, 8 dentes de alho, 4 folhas de louro, 4 raminhos de tomilho.

Ingredientes para o molho: o fígado das perdizes, 1 cebola pequena picada, 1 xícara de café de champanhe,

Édouard Manet, O molho de aspargos, *Museu Wallraf-Richartz, Colônia.*

1 colher de café de salsa picada, 4 fatias de bisnaga de pão, sal, pimenta.

Peça ao vendedor para preparar as perdizes. Preaqueça o forno a 220°C (temperatura muito alta). Em uma frigideira, derreta 1 colher de sopa de manteiga com uma gota de óleo, deite as perdizes e doure-as por igual. Acrescente o alho, o louro e o tomilho. Depois, asse no forno por 14 min. Quando estiverem assadas, retire e deixe descansar de 15 a 20 min. Ponha um pouco de água na frigideira para fazer um caldinho e reserve.

Em uma frigideira pequena, refogue devagar a cebola picada; em seguida, adicione os fígados e o champanhe. Reduza. Quando não sobrar mais caldo na frigideira, pique o seu conteúdo em pequenos pedaços com uma faca e tempere com sal e pimenta. Unte com manteiga as fatias de pão e coloque por cima essa mistura quente.

Corte as perdizes e, antes de servi-las, aqueça por 3 min. no forno a 220°C. O molho e as fatias de pão serão servidos em separado.

Sobremesas

– Que coisa de tão lindo tom é essa que estamos comendo? – perguntou Ski. – É uma musse de morango – respondeu Mme Verdurin. – Mas é des-lum-bran-te. Seria necessário mandar abrir garrafas de Château-Margaux, de Château-Lafite, de vinho do Porto. – Nem sei lhes dizer como isso me diverte; ele só bebe água – observou Mme Verdurin, para dissimular na graça que achava daquela fantasia o pavor que lhe causava essa prodigalidade. (Sodoma e Gomorra)

MUSSE DE MORANGO
Mousse aux fraises

Ingredientes: 600 g de morango, 4 claras, 100 g + 30 g de açúcar, 2 folhas de gelatina, o suco de meio limão.

Amoleça as folhas de gelatina em um pouquinho de água fria. Lave os morangos, retire os cabinhos e depois bata no liquidificador, fazendo um purê. Reserve 200 g desse purê para servir com a musse.

Adoce os 400 g restantes do purê com 100 g de açúcar, ponha o suco de meio limão e a gelatina previamente escorrida. Misture bem. Em uma panelinha, amorne essa mistura, a fim de diluir a gelatina.

Bata as claras em neve. Quando bem firmes, adicione 30 g de açúcar. Despeje o purê já frio sobre as claras e mexa tudo com muito cuidado.

Distribua a musse em forminhas individuais. Deixe endurecer na geladeira até o dia seguinte.

Sirva bem fria com um pouco de purê de morango ao natural.

Da mesma forma que sua gulodice se satisfazia na repetição cotidiana e idêntica de um cardápio preferido, e que a espera da mesma omelete, das mesmas batatas fritas, e da mesma compota de pêssego nela despertava, com horas compridas de antecipação, a imagem de prazeres, que não deviam ser frustrados por ovos mexidos que a "privassem de sua omelete", ou por um queijo cremoso que bastava olhar para ter a melancólica notícia de que a compota só chegaria no dia seguinte... (No caminho de Swann, *esboço XVIII*)

COMPOTA DE PÊSSEGOS
Compote de pêches

Ingredientes: 1,6 kg de pêssegos, 160 g de açúcar, 1/2 limão.

Descasque a fruta, retire o caroço e corte-a em quatro. Em uma panela de fundo grosso, coloque o pêssego, o açúcar e o suco do limão.

Ferva e cozinhe por 45 min. em fogo baixo, mexendo de vez em quando. Quando o caldo tiver evaporado, o pêssego estará pronto.

Observação: você poderá servir esta compota com hortelã fresca picada bem fino.

Minha mãe contava muito com a salada de ananás e trufas. (À sombra das moças em flor)

SALADA DE ABACAXI E TRUFAS
Salade d'ananas et de truffes

Ingredientes: 1 abacaxi, 1 trufa fresca ou em conserva, 1 lata de suco de trufa.

Descasque o abacaxi e corte em fatias finas. Retire a parte central. Passe a trufa em água limpa e corte em fatias finas.

Em uma saladeira de vidro, intercale as fatias de abacaxi e as fatias da trufa. Derrame por cima o suco de trufa. Cubra o recipiente com filme de PVC. Deixe gelar durante 2 h, mexendo de vez em quando com cuidado, para que o abacaxi se impregne com o sabor da trufa.

... Quando Odette mostrava-se feliz porque iria à Reine Topaze, ou quando o olhar se fazia sério, inquieto e voluntarioso, se temia perder a festa das flores ou simplesmente a hora do chá, com muffins *e* toasts, *no "Chá da Rua Royale"..., Swann... tão bem sentia a alma de sua amante aflorar-lhe ao rosto que não podia resistir em tocá-la com os lábios.* (No caminho de Swann)

MUFFINS
Muffins

Ingredientes: 250 g + 50 g de farinha de trigo, 1/2 xícara de chá de leite, 7 g de fermento de padaria, 7 g de sal.

Peneire os 250 g de farinha. Desmanche o fermento no leite morno. Em uma tigela, misture a farinha, o sal, o leite e o fermento até obter uma massa homogênea. Faça uma bola e, depois de cobri-la com um pano limpo, deixe que cresça fora da geladeira durante 1 1/2 h.

Estenda, então, grosseiramente a massa em cima de uma superfície bem enfarinhada. Corte a massa em pedacinhos do tamanho de um ovo, faça bolinhas e deixe que cresçam à temperatura ambiente (cerca de 40 min.).

Derreta 1 colher de manteiga e, quando os bolinhos dobrarem de volume, pincele com a manteiga derretida. Em seguida, coloque em forminhas redondas e rasas ou, se não as tiver, diretamente em cima de uma assadeira. Asse durante cerca de 20 min.

Observação: sirva estes pãezinhos ainda quentes com manteiga fresca ou geleia na hora do chá.

... Isto parece delicioso – respondia Mme Cottard. – Em sua casa, Odette, nunca faltam iguarias. Não preciso lhe perguntar a marca da fábrica, sei que você manda vir tudo do Rebattet. Devo dizer que sou mais eclética. Para os sequilhos, para as guloseimas em geral, muitas vezes vou ao Bourbonneaux. Mas reconheço que eles não sabem o *que é um sorvete. Para tudo quanto é sorvete, ou refresco, Rebattet é* o *grande artista. Como diria meu marido, é* o nec plus ultra. (À sombra das moças em flor)

BAVAROISE DE CAFÉ
Bavaroise au café

Ingredientes: 4 ovos, 1 1/2 xícara de chá de leite, 2 xícaras de chá de creme de leite pouco consistente, 90 g de açúcar, 3 colheres de sopa de café solúvel, 5 folhas de gelatina.

Ponha as folhas de gelatina de molho em um pouco d'água fria para que estejam bem amolecidas ao utilizá-las.

Ferva o leite com 1 xícara de chá do creme de leite. Em uma tigela, bata as gemas com o açúcar até clarearem. Adicione, então, a mistura de leite com creme, batendo sempre para que as gemas não cozinhem. Despeje tudo em uma panela e leve ao fogo brando, mexendo sempre com uma espátula de madeira. O creme estará cozido quando aderir à espátula e não escorrer como água (calcule 7 min. para o cozimento).

Escorra as folhas de gelatina e coloque-as no creme junto com o café. Misture bem e depois coe na peneira. Transfira a mistura para uma tigela e deixe esfriar, mexendo de vez em quando.

Bata o restante do creme em chantilly, mas sem adicionar açúcar. Em seguida, acrescente-o ao conteúdo da tigela já esfriado mas ainda líquido. Coloque tudo em uma forma (de 10 cm de diâmetro por 8 a 10 cm de altura) e ponha na geladeira durante 1 h. Desenforme ao servir.

Observação: a *bavaroise* pode ser servida com creme inglês (ver p. 185, *Pudim à Nesselrode*).

O nome Natal era desconhecido de Mme *Swann e de Gilberte, que o haviam substituído por* Christmas, *e só falavam do* Christmas Pudding, *e do que lhes haviam dado pelo seu* Christmas, *de ausentarem-se – o que me deixava louco de dor – pelo* Christmas. *Mesmo em casa, eu me julgaria desonrado se falasse do Natal e só dizia* Christmas, *o que meu pai achava extremamente ridículo.* (À sombra das moças em flor)

CHRISTMAS PUDDING

Ingredientes: 125 g de gordura de rim bovino, 250 g de passas Sultana, 100 g de frutas cristalizadas, 40 g de amêndoas, 125 g de farinha de rosca, 30 g de farinha de trigo, 1 limão, 5 g de mistura de 4 especiarias (noz--moscada, cravo, canela e pimenta), 5 g de canela em pó, 3 pitadas de noz-moscada, 1 xícara de café pequena de leite, dois ovos, meia xícara de chá de rum, sal.

Corte a gordura do rim em cubinhos. Extraia o suco e pique bem fina a casca de 1/2 limão. Ponha as passas de molho e, depois, enxugue cuidadosamente. Corte as frutas cristalizadas em cubinhos.

Em uma tigela, misture todos os ingredientes, menos o leite, os ovos e o rum. Ponha uma pitada de sal e misture tudo muito bem com uma colher de madeira.

Preaqueça o forno em temperatura baixa (130°C). Na tigela, acrescente os ovos, um a um, misturando bem; adicione o leite e o rum, sempre batendo até obter uma massa homogênea. Forre uma tigela de tamanho médio (que possa ir ao forno) com uma folha grande de papel impermeável (não corte o excedente). Coloque toda a massa do pudim na tigela, cubra com o papel e asse no forno em banho-maria durante 3 1/2 h.

Retire do forno e espere que a vasilha esfrie para, então, envolvê-la em papel-alumínio. Deixe repousar por no mínimo 1 h, em local fresco.

Antes de degustar este pudim, amorne-o em banho-maria durante 1 h. Desenforme e flambe com rum ou aguardente.

"Torta essencialmente domingueira, contemplada com admiração e comida com delícia durante esses meios-dias de domingo, com a ruazinha defronte e ao mesmo nível..."

Minhas amigas preferiam os sanduíches e se espantavam de me ver comer somente um doce de chocolate, goticamente enfeitado de açúcar, ou uma torta de damasco. É que eu não tinha nada a dizer aos sanduíches de queijo e de salada, iguaria nova e ignorante. Mas os doces eram instruídos, as tortas tagarelas. Nos primeiros havia velhos sabores de creme, e nas segundas frescores de frutas que muito sabiam... (À sombra das moças em flor)

TORTINHAS DE DAMASCO
Tartelettes aux abricots

Ingredientes para a massa: 100 g de manteiga, 110 g + 1 colher de sopa de farinha de trigo, 50 g de açúcar de confeiteiro, 1 ovo, 1/2 fava de baunilha (ou algumas gotas), sal.

*Ingredientes para a compota: 500 g de damasco, 100 g de açúcar.**

Ingredientes para a guarnição: 500 g de damasco, 75 g de manteiga, 60 g de açúcar de confeiteiro.

Massa: Se possível, retire a manteiga da geladeira 1 h antes de empregá-la, pois assim terá mais facilidade para trabalhar. Escalde uma tigela e enxugue-a bem e rapidamente. Adicione a manteiga cortada em pedacinhos e bata bem com uma colher de madeira até que se torne um creme perfeitamente liso (resista à tentação de colocar a manteiga no fogo, pois ela derreterá, o que não é desejável). Em uma superfície polvilhada de farinha, deite a farinha e, num buraco feito ao centro, ponha a manteiga em creme, o açúcar de confeiteiro, a gema, a baunilha e uma pitada de sal diluído em uma colher de sopa d'água. Misture, aos poucos, com a ponta dos dedos, todos os ingredientes, deixando a farinha por último. Faça uma bola com a massa, envolva em filme de PVC e ponha na geladeira para descansar.

Compota: enquanto isso, lave os damascos, corte-os ao meio, retire os caroços e cozinhe, em fogo brando, sem tampa, com o açúcar e 5 colheres de sopa d'água, mexendo de vez em quando. Mantenha no fogo por cerca de 30 min., até que a água evapore.

Guarnição: preaqueça o forno em temperatura média (170ºC). Derreta a manteiga. Prepare o damasco como para a compota. Depois, arrume as metades uma ao lado da outra em uma assadeira. Pincele com a manteiga derretida e polvilhe com açúcar de confeiteiro. Ponha no forno por cerca de 15 min. (o damasco deve ficar ligeiramente dourado).

Tortinhas: preaqueça o forno em temperatura alta (200ºC). Corte rodelas de 10 cm de diâmetro na massa estendida com o rolo. Com elas, forre forminhas redondas antiaderentes. Aperte as beiradas da massa com os dedos. Asse no forno durante 30 min. Recheie, então, cada tortinha com 2 colheres de compota. Cubra a compota com as metades do damasco arrumadas em círculo (cerca de 6). Polvilhe com açúcar de confeiteiro e umedeça com um pouquinho da calda do cozimento dos damascos.

Observação: estas tortinhas podem ser servidas com um purê de frutas vermelhas e sorvete de baunilha.

* A compota de damasco pode ser substituída por geleia de damasco. O damasco pode ser substituído por pêssego ou ameixa frescos.

... As damas dos castelos vizinhos... vinham à missa "nas suas parelhas", não sem comprar, na volta, na confeitaria da praça – logo após terem deixado a sombra do pórtico onde os fiéis, empurrando a porta giratória, semeavam os rubis errantes da nave – alguns desses doces em forma de torre, protegidos do sol por um estore – "manqués", "saint-honorés" e "génoises" –, cujo aroma ocioso e açucarado ficou misturado, para mim, aos sinos da missa cantada e à alegria dos domingos. (Prefácio a "Sobre a leitura")

Pão de ló
Gâteau manqué

Ingredientes: 100 g + 1 colher de sopa de manteiga, 150 g de farinha de trigo, 6 ovos, 200 g de açúcar, 1,5 fava de baunilha (ou algumas gotas), 1/2 xícara de chá de rum, sal.

Derreta 100 g de manteiga em uma panela de fundo grosso. Em uma tigela, bata as gemas com o açúcar e a baunilha até clarearem. Adicione a farinha de trigo peneirada aos poucos, vá misturando com uma colher de madeira e depois ponha a manteiga derretida e o rum. Continue a misturar até obter uma massa homogênea.

Bata as claras em neve bem firme, com uma pitadinha de sal. Incorpore-as delicadamente à massa, aos poucos. Preaqueça o forno em temperatura média.

Unte uma forma para pão de ló com 22 cm de diâmetro e despeje a massa. Deixe assar por cerca de 35 min. Para se certificar de que já assou, introduza a ponta de uma faca na massa; se sair limpa, retire do forno, desenforme em cima de uma tábua e deixe esfriar.

Observação: sirva o pão de ló simples, ou recheado com creme ou geleia.

Mas como almoçavam tarde, embora os que saíssem a passeio começassem a aparecer na rua, levavam apenas a grande torta de maçã, amarela como a porta da loja de novidades da praça... Torta essencialmente domingueira, contemplada com admiração e comida com delícia. (Jean Santeuil)

Torta de maçã
Tarte aux pommes

Ingredientes: 200 g de massa falhada (já pronta e redonda), 500 g de maçã ácida, 50 g de manteiga, 50 g de açúcar de confeiteiro.

Ligue o forno em temperatura alta (200°C). Forre uma forma de torta com a massa. Corte o excedente da beirada. Aperte a massa da borda da forma com os dedos. Descasque e corte a maçã em fatias muito finas. Arrume-as em cima da massa, deixando um espaço livre de mais ou menos 3 mm entre a maçã e a beirada da forma. As fatias de maçã devem ficar muito próximas umas das outras e formar um círculo terminado no centro por uma rosácea.

Derreta a manteiga e, depois, pincele a maçã com ela. Polvilhe com açúcar de confeiteiro. Leve ao forno durante 30 min. Repita duas vezes a operação manteiga derretida com açúcar de confeiteiro

---

"... No sítio dos Aigneaux, encontraram Mme Laudet... com um avental branco, (...) oferecendo ao olhar encantado de várias pessoas sentadas sob as macieiras, ao redor das grandes mesas de madeira (...) um soberbo peitilho de seda verde bordado de negro, mangas verdes e uma saia marrom... Assim, ia Mme Laudet de mesa em mesa, levando uma xícara de leite ou uma garrafa de sidra, nesse vestido verde que era apenas uma das flores dessa primavera social, dessa floração da humanidade feliz de mil cores que se denomina 'endomingamento'."

enquanto a torta estiver assando. A maçã deve ficar bem dourada e a massa, bem assada.

Observação: todos apreciam muito esta torta ainda quente com uma bola de sorvete de baunilha. Em uma torta clássica de maçã, você poderá colocar uma compota de maçã entre a massa e as fatias.

Alguns dos garçons que serviam, soltos por entre as mesas, corriam a toda pressa com um prato nas palmas estendidas, parecendo até que não deixá-lo cair fosse o objetivo dessas corridas. E, de fato, os suflês de chocolate chegavam ao destino sem terem sido revirados, as maçãs à inglesa, apesar do galope que as deveria ter sacudido, arrumadas, como na partida, em torno do carneiro de Pauillac. (À sombra das moças em flor)

Suflês de chocolate
Soufflés au chocolat

Ingredientes: 125 g de chocolate amargo em barra, 150 g + 1 colher de sopa de manteiga, 200 g + 1 colher de sopa de açúcar, 60 g de farinha de trigo, 6 ovos, 3 xícaras de chá de leite.

Preaqueça o forno em temperatura alta (200°C). Quebre o chocolate em pedaços e ponha em uma panela com o leite. Ferva. Enquanto isso, amoleça 150 g de manteiga da maneira como foi explicado na receita das *Tortinhas de damasco* (p. 177). Depois, com uma espátula de madeira, incorpore a manteiga à farinha e aos 200 g de açúcar. Ponha o leite com chocolate fervente sobre a massa, mexa e despeje tudo na panela. Ferva. Incorpore rapidamente as gemas, uma a uma; em seguida, deixe esfriar.

Unte 4 forminhas de suflê com 10 cm de diâmetro; polvilhe o açúcar na manteiga. Agite as forminhas para deixar cair o excesso de açúcar (mas não ponha os dedos dentro).

Bata as claras em neve até ficarem firmes e vá incorporando-as aos poucos ao creme com chocolate. Encha as forminhas e asse por 20 min. Sirva imediatamente.

Me senti tão incapaz de decidir qual teria a minha preferência, como se, para sobremesa, me tivessem mandado escolher entre arroz à imperatriz e creme de chocolate. (No caminho de Swann)

Arroz à imperatriz
Riz à l'impératrice

Ingredientes: 250 g de arroz, 150 g de açúcar, 100 g de frutas cristalizadas, 1 l de leite, 50 g de manteiga, 50 g de geleia de groselha ou à escolha, 3 colheres de sopa de kirsch *e de marrasquino, 1,5 g de sal.*

Ingredientes para a bavaroise*: 250 ml de leite, 4 ovos, 40 g de açúcar, 1 xícara de café pequena de creme de leite fresco, 3 folhas de gelatina, 1/2 fava de baunilha (ou algumas gotas).*

Preaqueça o forno em temperatura média (180°C). Guarde o creme de leite na geladeira. Ponha de molho em um pouco de água as folhas de gelatina. Deixe as frutas cristalizadas macerarem na mistura de *kirsch* e marrasquino.

Em uma panela, coloque o arroz, cobrindo-o totalmente com água fria. Ferva por 10 min. Escorra e esfrie em água fria por alguns minutos.

Ferva o leite em um recipiente refratário; acrescente a manteiga, o açúcar, o sal e o arroz. Ferva e coloque no forno por 20 min. Retire o arroz do forno e mexa com um garfo para que fique bem solto.

Prepare a *bavaroise*: abra ao meio a fava da baunilha, retire os grãos escuros de dentro com uma faca, ponha-os no leite e ferva; ou então use as gotas da essência de baunilha.

Em uma tigela, misture o açúcar e as gemas, batendo em velocidade máxima até a mistura clarear. Despeje, então, cuidadosamente, o leite fervente na mistura de ovos. Bata com um batedor. Transfira para uma panela de fundo grosso e cozinhe, em fogo brando, mexendo sempre com uma colher de madeira. O creme estará pronto quando engrossar um pouco (mas não deixe ferver). Passe na peneira.

Escorra a gelatina, comprima e coloque-a em uma tigela com o creme. Mexa. Adicione as frutas cristalizadas ao arroz ainda morno e mexa. Dilua a geleia e passe uma camada em toda a forma de 16 cm de diâmetro. Ponha a forma na geladeira. Quando o arroz estiver quase frio e o creme ainda morno, misture bem os dois.

Retire o creme de leite da geladeira e bata para fazer um *chantilly*. Incorpore-o aos poucos ao arroz, misture e coloque na forma untada. Deixe descansar na geladeira por 3 h antes de desenformar em uma travessa redonda. Se quiser, decore o arroz com frutas cristalizadas.

... Framboesas que M. Swann trouxera expressamente, cerejas, as primeiras que vinham da cerejeira do jardim depois de dois anos em que ela não dera coisa alguma, o requeijão de que eu gostava tanto antigamente, um doce de amêndoas, porque o havia encomendado na véspera, um brioche porque era a nossa vez de oferecê-lo. (No caminho de Swann)

Bolo de amêndoas
Gâteau aux amandes

Ingredientes: 100 g de amêndoas, 80 g de açúcar, 3 ovos, 1 colher de sopa de manteiga, sal.

Prepare as amêndoas e pique. Em uma tigela, misture as amêndoas com o açúcar e as gemas, batendo bem com uma colher de madeira.

Preaqueça o forno a 200°C (temperatura alta). Bata as claras em neve até ficarem firmes e depois incorpore-as com muito cuidado à mistura anterior, levantando-a com uma colher (e não batendo-a).

Unte com manteiga uma forma com 22 cm de diâmetro. Despeje o conteúdo da tigela e leve ao forno por cerca de 45 min. Para verificar se já assou, enfie a ponta de uma faca na massa. Se sair limpa, estará pronta.

Retire do forno, desenforme e deixe esfriar.

Observação: este bolo poderá ser servido simples ou com um creme inglês com sabor de café; pode também ser recheado com uma musse de chocolate e coberto com calda de chocolate quente.

Briochinhos
Petites brioches

Ingredientes: 250 g de farinha de trigo, 200 g de manteiga, 4 ovos, 25 g de açúcar, 50 g de açúcar mascavo, 2 colheres de sopa de leite, 15 g de fermento para pão, 5 g de sal.

Dilua o fermento no leite. Amoleça a manteiga conforme indicado na receita das *Tortinhas de damasco* (p. 177). Faça um buraco com a farinha em cima de uma superfície lisa e adicione o fermento já diluído no leite, 3 ovos inteiros, o açúcar, a manteiga amolecida e o sal. Amasse todos os ingredientes, incorporando aos poucos, com a ponta dos dedos, a farinha. Você obterá uma massa lisa.

Coloque a massa em uma tigela, cubra com um pano limpo e deixe crescer, em temperatura ambiente, durante 20 min. Em seguida, trabalhe a massa novamente, faça uma bola e coloque-a na tigela. Mais uma vez, cubra com um pano e deixe descansar por 2 h na geladeira.

Corte 12 pedacinhos da bola de massa. Enrole com a palma da mão. Cubra novamente com o pano e deixe descansar por 30 min. na geladeira.

Preaqueça o forno em temperatura alta (200°C). Bata uma gema. Retire as bolinhas de massa da geladeira, deixando por 2 h em temperatura ambiente. Pincele a parte de cima com uma gema batida diluída em um pouco d'água. Por fim, salpique cada bolinha com açúcar mascavo.

Asse no forno durante 10 ou 15 min. Deixe que os bolinhos esfriem ligeiramente antes de servi-los.

– Mme Swann... depois de ter levado uma visita à porta, voltava um instante (...) (e) dizia com ar assombrado:

– Olha, parece bom isto que estão comendo; me dá até fome ver vocês comendo cake. (À sombra das moças em flor)

BOLO DE PASSAS
Cake aux raisins

Ingredientes: 250 g de passas Sultana, 125 g + 10 g de manteiga, 125 g de açúcar, 180 g de farinha de trigo, 3 ovos, 1 colherinha de café de fermento, sal.

Amoleça a manteiga (ver em *Tortinhas de damasco*, p. 177). Ponha as passas de molho em água morna para amaciá-las.

Em uma tigela, misture a manteiga (amolecida) com o açúcar e uma pitada de sal, sempre batendo. Adicione os ovos, um a um, trabalhando com uma colher de madeira. Escorra as passas e, em seguida, enxugue em um pano limpo.

Em outra tigela, misture bem a farinha, o fermento e as passas. Junte o conteúdo das duas tigelas, misture bem e deixe descansar por 30 min.

Preaqueça o forno a 220°C (temperatura muito alta). Amoleça um pouco a manteiga e pincele o interior de uma forma de bolo com 23 cm de comprimento. Forre com papel impermeável, cortando as pontas, de maneira que o papel adira da melhor forma possível às laterais da forma. Unte também esse papel com manteiga.

Despeje a massa na forma e leve ao forno. Dez minutos depois, diminua a temperatura para 180°C e asse por mais 35 min. Verifique se já assou enfiando a ponta de uma faca no bolo: a lâmina deve sair limpa, sem vestígio de massa.

Tire o bolo do forno e desenforme apenas depois de esfriar.

Observação: se gostar de frutas cristalizadas, adicione 250 g ou 125 g a esta receita.

E de súbito a lembrança me apareceu. Aquele gosto era o do pedacinho de madeleine *que minha tia Léonie me dava aos domingos pela manhã em Combray (porque nesse dia eu não saía antes da hora da missa), quando ia lhe dar bom-dia no seu quarto, depois de mergulhá-lo em sua infusão de chá de tília.* (No caminho de Swann)

MADELEINES
Petites madeleines

Ingredientes: 90 g + 1 colher de sopa de manteiga, 90 g de farinha de trigo, 75 g de açúcar, 10 g de açúcar mascavo, 1 colher de chá de mel, 2 ovos, sal.

Derreta a manteiga em fogo brando. Em uma tigela, bata juntos os ovos, o açúcar e o sal. Cerca de 5 min. depois, adicione a farinha peneirada. Mexa com uma colher de madeira. Adicione a manteiga derretida já fria e o mel. Misture bem, mas sem trabalhar muito a massa. Guarde na geladeira durante 1 h.

Preaqueça o forno a 220ºC (temperatura muito alta). Retire a massa da geladeira e deixe por 1/2 h em temperatura ambiente. Derreta a colher de manteiga e unte as forminhas antes de enchê-las com a massa.

Se forem de tamanho pequeno, assarão em 5 min.; se grandes, em 10 min. Deixe que esfriem um pouco antes de servir.

"Odette preparou o 'seu' chá para Swann, e perguntou: 'Limão ou creme?'; e como ele respondesse: 'Creme', disse--lhe rindo: 'Uma nuvem!' E como ele o achasse bom: 'Já vê que sei bem do que você gosta.' De fato, o chá parecera a Swann, como também a ela, algo de muito precioso; e o amor tem tanta necessidade de descobrir uma justificativa... que, quando Swann a deixou às sete horas para voltar para casa e se vestir, durante todo o trajeto no cupê, não podendo conter a alegria que aquela tarde lhe causara, ia repetindo: 'Como seria agradável ter assim uma pessoa em cuja casa se pudesse encontrar essa coisa tão rara, um bom chá'."

Observação: as madeleines podem ser servidas com muitas sobremesas, com uma salada de frutas, sorvetes cremosos ou de frutas.

MAISON FONDÉE A REIMS EN MIL SEPT CENT SOIXANTE DOUZE
REIMS
FRANCE
BRUT

... Um creme de chocolate, inspiração e atenção pessoal de Françoise, fugaz e leve como uma obra de circunstância, e no qual pusera todo o seu talento. Aquele que se recusasse a prová-lo, dizendo: "Terminei, não tenho mais fome", seria imediatamente rebaixado à categoria desses indivíduos grosseiros que, mesmo diante do presente que um artista lhes faz de uma obra sua, só veem o peso e o material, quando o que vale é a intenção e a assinatura. (No caminho de Swann)

TIGELINHAS DE CREME DE CHOCOLATE
Pots de creme au chocolat

Ingredientes: 100 g de chocolate amargo em barra, 100 g de açúcar, 1/2 l de leite, 6 ovos.

Ferva o leite, corte o chocolate em pedaços e deixe derreter lentamente no leite, misturando com uma colher de madeira. Bata o açúcar com as 6 gemas. Preaqueça o forno a 130ºC (temperatura bem baixa). Quando o chocolate estiver inteiramente derretido, despeje-o nas gemas com açúcar e bata muito bem; depois, passe na peneira.

Distribua a massa em forminhas de 8 cm de diâmetro e leve ao forno, em banho-maria, durante 1 h. Sirva frio.

Creme de baunilha ou de café: com a mesma receita, você poderá fazer tigelinhas de creme de baunilha. Substitua o chocolate pelos grãos escuros de uma fava de baunilha ou por essência de baunilha. Você também poderá substituir o chocolate por 10 g de café solúvel.

Como? Mais pudim à Nesselrode? A cura em Carlsbad não será suficiente para me refazer de um festim de Lúculo como este. (À sombra das moças em flor)

PUDIM À NESSELRODE
Pudding à la Nesselrode

Ingredientes: 125 g de purê de castanhas portuguesas, 60 g de frutas cristalizadas, 120 g de passas Sultana, 60 g de laranja cristalizada, 1/2 l de creme de leite pouco consistente, 1 colher de sobremesa de licor marrasquino, 1 xícara de chá de Málaga.

Ingredientes para o creme inglês: 1/2 l de leite, 5 ovos, 125 g de açúcar.

O purê de castanhas deve ser de consistência muito fina. Corte a laranja e as demais frutas cristalizadas em cubinhos e deixe macerarem no Málaga. Lave e ponha as passas de molho em água morna para que inchem. Ao utilizá-las, escorra e enxugue em um pano limpo.

Faça o creme inglês: ferva o leite em uma panela de fundo grosso. Em uma tigela, bata as gemas com o açúcar até a mistura clarear (cerca de 5 min.). Despeje o leite fervente nessa mistura. Em fogo brando, continue mexendo com uma espátula de madeira, levando-a até o fundo do recipiente. Ao final de 5 min., o creme – que não pode ferver – deve cobrir a espátula com uma camada fina. Passe-o, então, pela peneira.

Misture bem o purê de castanhas com o marrasquino e o creme inglês; em seguida, acrescente as frutas cristalizadas e as passas. Bata o creme de leite até que fique bem firme e só nesse momento misture-o delicadamente à massa já pronta. Ponha tudo em uma forma de *charlotte* de 18 cm de diâmetro, forrada com uma folha de papel impermeável. Cubra a forma com papel-alumínio e deixe na geladeira até o dia seguinte, no mínimo.

Um pouco antes de servir, desenforme o pudim e enfeite com marrons-glacês.

Índices

OS PERSONAGENS

OS LUGARES

RECEITAS

"Quem não se lembra, como eu, dessas leituras feitas durante as férias, que escondíamos sucessivamente em todas as horas do dia suficientemente calmas e invioláveis para poder lhes dar asilo. De manhã... eu deslizava para a sala de jantar, onde, até a hora ainda longínqua do almoço, só entraria a velha Félicie..."

Bibliografia

OBRAS DE MARCEL PROUST

Os fragmentos dos textos originais de Marcel Proust citados foram extraídos das seguintes edições, exceto quando indicado em contrário:

Jean Santeuil, precedido de *Les plaisirs et les jours*, edição organizada por Pierre Clarac, com a colaboração de Yves Sandre, Gallimard, Bibliothèque de la Pléiade, 1971.

Contre Sainte-Beuve, seguido de *Nouveaux mélanges*, prefácio de Bernard de Fallois, Gallimard, 1954.

Contre Sainte-Beuve, precedido de *Pastiches et mélanges* e seguido de *Essais et articles*, edição organizada por Pierre Clarac, com a colaboração de Yves Sandre, Gallimard, Bibliothèque de la Pléiade, 1971.

À la recherche du temps perdu, edição organizada por Pierre Clarac e André Ferré, prefácio de André Maurois, Gallimard, Bibliothèque de la Pléiade, 1954 (3 vols.). Para os trechos dos *Equisses: À la recherche du temps perdu*, a edição publicada sob a direção de Jean-Yves Tadié, Gallimard, Bibliotheque de la Pléiade, 1987-1989 (4 vols.).

Textes retrouvés, reunidos e apresentados por Philip Kolb, *Cahiers Marcel Proust* 3, Gallimard, 1971.

Le carnet de 1908, organizado e apresentado por Philip Kolb, *Cahiers Marcel Proust* 8, Gallimard, 1976.

Sésame et les lys, tradução da obra de John Ruskin, Mercure de France, 1906.

Écrits de jeunesse 1887-1895, textos reunidos, organizados, apresentados e comentados por Anne Borrel, Institut Marcel Proust international, Société des Amis de Marcel Proust et des Amis de Combray, 1991.

Correspondance de Marcel Proust, texto organizado, apresentado e comentado por Philip Kolb, Plon, 1970-1991 (19 volumes publicados, tomo I: 1880-1895, tomo XIX: 1920, classificação cronológica).

RECORDAÇÕES, DOCUMENTOS

Albaret, Céleste, *Monsieur Proust*, Robert Laffont, 1973.

Album Proust, iconografia reunida e comentada por Pierre Clarac e André Ferré, NRF, Bibliothèque de la Pléiade, 1965.

Cattaui, Georges, *Proust, documents iconographiques*, prefácio e notas de Georges Cattaui, Pierre Cailler Éditeur, Genebra, 1966.

Clermont-Tonnerre, Élisabeth de, *Robert de Montesquiou et Marcel Proust*, Paris, Flammarion, 1925.

Diesbach, Ghislain de, *Proust*, Perrin, 1991.

Dreyfus, Robert, *Souvenirs sur Marcel Proust*, com cartas inéditas, Les cahiers verts, publicados sob a direção de Daniel Halévy, Paris, Grasset, 1926.

Goncourt, Edmond e Jules de, *Journal, mémoires de la vie littéraire 1851-1896*, Fasquelle e Flammarion, 1956, reedição Robert Laffont, Bouquins, 1989.

Michel-Thiriet, Philippe, *Quid* de Marcel Proust no primeiro volume da edição "Bouquins", Robert Laffont, 1987, de *À la recherche du temps perdu.*

COZINHA, SOCIOLOGIA, CRÍTICA

Brillat Savarin, Anthelme, *Phisiologie du goût*, Flammarion, 1982.

Borrel, Anne, "Les cuisines de la création", *Bulletin de la Société des Amis de Marcel Proust et des Amis de Combray*, nº 39, 1989.

Borrel, Anne, "Céleste and the Genius", *The UAB Marcel Proust Symposium,* publicado por William C. Carter, Summa Publications, Birmingham, Alabama, 1989.

Courtine, Robert J. e Jean Desmur, *Anthologie de la littérature gastronomique, Les Écrivains à table*, Trévise, 1970.

Da Costa, F., "La cuisine et la table dans l'œuvre de Marcel Proust", *Bulletin de la Société des Amis de Marcel Proust et des Amis de Combray*, nº 26, 1976.

Deleuze, Gilles, *Proust et les signes*, PUF, 1976.

Doubrovsky, Serge, *La place de la madeleine, Écriture et fantasme chez Proust*, Mercure de France, 1974.

Escoffier, Auguste, *Souvenirs inédits*, Flammarion, 1985.

Gourdeall Wilson, Gabrielle, "L'immangeable repas proustien", *Bulletin de la Société des Amis de Marcel Proust et des Amis de Combray*, nº 37, 1987.

Guillemard, Colette, *La fourchette et la plume*, 150 receitas culinárias inspiradas em obras de escritores célebres, Carrère, 1988.

Haroche, Michel, "Marcel Proust", *Bulletin des Amis de Marcel Proust et des Amis de Combray*, nº 37, 1987.

Milly, Jean, "L'arrière-cuisine de Françoise", em *Proust dans le texte et l'avant-texte*, Flammarion, 1985.

Montesquiou, Robert de, *Prière de tous, huit dizains d'un chapelet rythmiques*, ilustrações de Madeleine Lemaire, Paris, "Maison du Livre", 1902.

Moulin, Léo, *Les liturgies de la table*, Albin Michel, 1988.

Pampille, *Les bons plats de France*, Arthème Fayard.

Richard, Jean-Pierre, "Proust et l'objet alimentaire", *Littérature* 6, 1972.

Richard, Jean-Pierre, *Proust et le monde sensible*, Seuil, 1974.

Fontes das citações

NA EDIÇÃO BRASILEIRA: Obras de Marcel Proust na tradução de Fernando Py: os excertos de *No caminho de Swann* foram tirados da edição de 1992; os de *À sombra das moças em flor*, da edição de 1993; os de *O caminho de Guermantes*, da edição de 1993; os de *Sodoma e Gomorra*, da edição de 1994; e os de *A prisioneira*, da edição de 1994, todas da Ediouro. Os excertos de *Jean Santeuil* foram tirados da edição de 1982 publicada pela Nova Fronteira, também traduzida por Fernando Py.

NO TEXTO ORIGINAL: **p. 10:** *Contre Sainte-Beuve*, p. 211 – **pp. 16 e 17:** *Du côté de chez Swann*, pp. 44, 46 – **p. 18:** *Du côté de chez Swann*, pp. 49-50 – **p. 21:** *Sodome et Gomorrhe*, p. 937; *Du côté de chez Swann*, p. 201; *Jean Santeuil*, pp. 285, 286 – **p. 23:** *Jean Santeuil*, pp. 312-313, 337-338; *Contre Sainte-Beuve, Journées de lecture*, p. 162; *Du côté de chez Swann*, p. 119 – **p. 28:** *Du côté de chez Swann*, pp. 71, 121 – **pp. 28 e 30:** *Du côté de chez Swann*, p. 121 – **p. 30:** *Du côté de chez Swann*, pp. 121-122, 58-59, 80, 124 – **p. 31:** *Du côté de chez Swann, Esquisse XVIII*, pp. 716, 717 – **p. 33:** *Jean Santeuil*, pp. 304, 290; *Du côté de chez Swann*, pp. 110, 111 – **p. 36:** *Du côté de chez Swann, Esquisse XLIX*, p. 794, *Esquisse X*, pp. 673, 674 – **p. 44:** *Du côté de chez Swann*, p. 198; *À l'ombre des jeunes filles en fleurs*, pp. 546, 547 – **p. 45:** *À l'ombre des jeunes filles en fleurs*, pp. 547, 549, 575 – **p. 47:** *À l'ombre des jeunes filles en fleurs*, p. 504 – **pp. 47 e 50:** *À l'ombre des jeunes filles en fleurs*, pp. 506-507 – **p. 50:** *Du côté de chez Swann*, pp. 221-222, 225 – **p. 52:** *Du côté de chez Swann*, pp. 72-76; *À l'ombre des jeunes filles en fleurs*, p. 538, 526 – **p. 58:** *Jean Santeuil*, pp. 560-561, 569; *Correspondance, T. 1*, pp. 159, 160 – **p. 59:** *Le côté de Guermantes, Esquisse XV*, p. 1127; *Le côté de Guermantes*, pp. 80, 396 – **p. 60:** *Le côté de Guermantes, Esquisse XV*, p. 1132, 1133; *Le côté de Guermantes*, p. 98 – **pp. 61 e 62:** *Le côté de Guermantes*, pp. 98-99 – **p. 66:** *Du côté de chez Swann*, p. 189 – **p. 68:** *Du côté de chez Swann*, pp. 255-257 – **pp. 68, 69 e 70:** *Du côté de chez Swann*, pp. 254-255 – **p. 70:** *Du côté de chez Swann*, p. 255 – **p. 71:** *Du côté de chez Swann*, pp. 207-208 – **pp. 71 e 74:** *Le temps retrouvé*, pp. 710-712 – **p. 75:** *Le temps retrouvé*, p. 712; *Sodome et Gomorrhe*, pp. 899, 900, 930-931 – **pp. 75 e 76:** *Sodome et Gomorrhe*, p. 939 – **p. 76:** *Sodome et Gomorrhe*, pp. 936-937 – **pp. 83 e 84:** *Jean Santeuil*, pp. 458-459 – **p. 84:** *Jean Santeuil*, pp. 505-508 – **pp. 84 e 85:** *Du côté de chez Swann*, p. 182 – **p. 85:** *Le côté de Guermantes*, p. 16; *Le côté de Guermantes, Esquisse XXXI*, p. 1231-1232 – **p. 86:** *Le côté de Guermantes*, p. 208 – **p. 90:** *Le côté de Guermantes*, p. 502; *Le côté de Guermantes*, pp. 512 – 513 – **p. 92:** *Le côté de Guermantes*, pp. 501, 502, 503-505, 516 – **p. 94:** *Le côté de Guermantes*, pp. 486-488 – **p. 100:** *Correspondance, T. VII*, p. 159; *À l'ombre des jeunes filles en fleurs*, pp. 661, 662, 664-675 – **p. 101:** *À l'ombre des jeunes filles en fleurs*, p. 676 – **pp. 101 e 102:** *À l'ombre des jeunes filles en fleurs*, pp. 673-674 – **p. 102:** *À l'ombre des jeunes filles en fleurs*, pp. 694-695 – **p. 106:** *À l'ombre des jeunes filles en fleurs*, p. 869 – **pp. 106 e 107:** *À l'ombre des jeunes filles en fleurs*, pp. 705-706; *À l'ombre des jeunes filles en fleurs*, p. 698 – **p. 108:** *À l'ombre des jeunes filles en fleurs*, p. 809 – **pp. 108 e 109:** *Le côté de Guermantes*, p. 118 – **pp. 109 e 111:** *À l'ombre des jeunes filles en fleurs*, pp. 809-811 – **p. 112:** *À l'ombre des jeunes filles en fleurs*, pp. 787-788, 871-872, 874, 897, 903, 904 – **p. 118:** *Correspondance, T. VII*, pp. 112, 113 – **p. 122:** *Le côté de Guermantes*, p. 26; *Monsieur Proust, Céleste Albaret*, p. 96 – **p. 124:** *Monsieur Proust, Céleste Albaret*, pp. 96, 97, 95, 103-105; *Sodome et Gomorrhe*, p. 846; *Le temps retrouvé*, p. 889 – **pp. 124 e 125:** *Monsieur Proust, Céleste Albaret*, pp. 97-98 – **p. 126:** *Correspondance, T. IX*, p. 139; *Du côté de chez Swann*, p. 96; *Le temps retrouvé*, pp. 1034-1035; *À l'ombre des jeunes filles en fleurs*, pp. 445, 446 – **p. 128:** *À l'ombre des jeunes filles en fleurs*, pp. 445, 458, 484, 485 – **p. 129:** *Le temps retrouvé*, p. 1038.

NAS RECEITAS: **p. 134:** *Le côté de Guermantes*, pp. 488-489 – **p. 135:** *Jean Santeuil*, p. 458 – **p. 136:** *Jean Santeuil*, p. 508; *Le temps retrouvé*, p. 712 – **p. 137:** *Du côté de chez Swann, Esquisse XLIX*, p. 794; *La prisonnière*, p. 128 – **p. 138:** *Du côté de chez Swann*, p. 256 – **p. 139:** *Jean Santeuil*, pp. 285-286 – **p. 140:** *À l'ombre des jeunes filles en fleurs*, pp. 676, 484 – **p. 142:** *Du côté de chez Swann*, p. 255 – **p. 143:** *Écrits de jeunesse 1887-1895*, p. 271 – **p. 144:** *Du côté de chez Swann*, p. 71; *La fugitive*, p. 632 – **p. 145:** *Sodome et Gomorrhe*, p. 899 – **p. 146:** *Contre Sainte-Beuve*, pp. 375-376; *Sodome et Gomorrhe*, p. 901 – **p. 148:** *À l'ombre des jeunes filles en fleurs*, p. 538; *Jean Santeuil*, p. 285 – **p. 149:** *Jean Santeuil*, p. 322 – **p. 150:** *Du côté de chez Swann, Esquisse LIII*, p. 807; *Le temps retrouvé*, p. 712 – **p. 151:** *Du côté de chez Swann, Esquisse XLIX*, p. 794 – **p. 154:** *À l'ombre des jeunes filles en fleurs*, p. 803; *Le côté de Guermantes*, p. 118 – **p. 156:** *Du côté de chez Swann*, p. 10; *Le côté de Guermantes*, p. 589 – **p. 158:** *Du côté de chez Swann*, pp. 18-20; *À l'ombre des jeunes filles en fleurs*, p. 445 – **p. 159:** *À l'ombre des jeunes filles en fleurs*, p. 445 – **p. 160:** *La prisonnière*, p. 138 – p. 161: *À l'ombre des jeunes filles en fleurs*, p. 458 – **p. 162:** *Du côté de chez Swann*, p. 110; *À l'ombre des jeunes filles en fleurs*, p. 458 – **p. 163:** *Monsieur Proust, Céleste Albaret*, p. 86 – **p. 164:** *Jean Santeuil*, p. 339 – **p. 166:** *À l'ombre des jeunes filles en fleurs*, pp. 484, 775 – **p. 167:** *Sodome et Gomorrhe, nouvelle édition*, p. 1309 – **p. 170:** *Le côté de Guermantes*, p. 503; *Le côté de Guermantes, Esquisse XV*, p. 1127

– **p. 172:** *Sodome et Gomorrhe*, p. 939; *Du côté de chez Swann, Esquisse XVIII*, p. 716 – **p. 174:** *À l'ombre des jeunes filles en fleurs*, pp. 459, 604; *Du côté de chez Swann*, p. 245 – **p. 175:** *À l'ombre des jeunes filles en fleurs*, pp. 526-527 – **p. 177:** *À l'ombre des jeunes filles en fleurs*, p. 904 – **p. 178:** *Contre Sainte-Beuve*, p. 169; *Jean Santeuil*, p. 345 – **p. 180:** *À l'ombre des jeunes filles en fleurs*, p. 810; *Du côté de chez Swann*, p. 74 – **p. 181:** *Du côté de chez Swann*, p. 71 – **p. 182:** *À l'ombre des jeunes filles en fleurs*, p. 507; *Du côté de chez Swann*, pp. 46-47 – **p. 185:** *Du côté de chez Swann*, p. 71; *À l'ombre des jeunes filles en fleurs*, p. 466.

LEGENDAS: **p. 15:** *Jean Santeuil*, p. 286; *Du côté de chez Swann*, pp. 38, 47 – **p. 16:** *Contre Sainte-Beuve: Idée*, p. 348 – **p. 17:** *Du côté de chez Swann*, p. 51 – **p. 18:** *Du côté de chez Swann*, p. 11 – **p. 19:** *Du côté de chez Swann*, p. 64 – **p. 20:** *Du côté de chez Swann*, pp. 51, 52 – **p. 23:** *Du côté de chez Swann*, p. 20; *Jean Santeuil*, pp. 310, 322 – **p. 28:** *Jean Santeuil*, p. 285 – **p. 31:** *Du côté de chez Swann*, p. 71 – **p. 32:** *Du côté de chez Swann*, p. 120 – **p. 37:** *Du côté de chez Swann*, pp. 71, 54 – **p. 38:** *Jean Santeuil*, p. 304; *Contre Sainte-Beuve*, p. 162; *Du côté de chez Swann*, p. 71 – **p. 43:** *À l'ombre des jeunes filles en fleurs*, p. 592; *Du côté de chez Swann*, p. 250 – **p. 47:** *Du côté de chez Swann*, p. 222; *À l'ombre des jeunes filles en fleurs*, p. 507 – **p. 51:** *À l'ombre des jeunes filles en fleurs*, p. 507 – **p. 52:** *À l'ombre des jeunes filles en fleurs*, p. 506 – **p. 55:** *Jean Santeuil*, p. 570 – **p. 60:** *Le côté de Guermantes*, pp. 98, 80 – **p. 63:** *Contre Sainte-Beuve: Chardin et Rembrandt*, p. 375 – **p. 66:** *Le temps retrouvé*, p. 710 – **p. 70:** *La prisonnière*, p. 200 – **p. 74:** *Contre Sainte-Beuve*, pp. 583-584 – **p. 76:** *Jean Santeuil*, p. 580; *Du côté de chez Swann*, p. 309 – **p. 81:** *Jean Santeuil*, p. 458 – **p. 83:** *Contre Sainte-Beuve*, p. 458 – **p. 84:** *Jean Santeuil*, pp. 436-437 – **p. 86:** *Jean Santeuil*, p. 462; *Le temps retrouvé*, p. 872 – **p. 90:** *Jean Santeuil*, p. 459 – **p. 93:** *Correspondance, T. IX*, p. 232 – **p. 95:** *Jean Santeuil*, p. 458 – **p. 99:** *À l'ombre des jeunes filles en fleurs*, pp. 681, 723 – **p. 101:** *À l'ombre des jeunes filles en fleurs*, p. 773 – **p. 103:** *Contre Sainte-Beuve: Chardin et Rembrandt*, p. 374; *Le temps retrouvé*, p. 874 – **p. 106:** *À l'ombre des jeunes filles en fleurs*, p. 810 – **p. 107:** *À l'ombre des jeunes filles en fleurs*, p. 835 – **p. 109:** *Jean Santeuil*, p. 351 – **p. 111:** *Sodome et Gomorrhe*, pp. 969-970; *À l'ombre des jeunes filles en fleurs*, p. 707 – **p. 112:** *Jean Santeuil*, pp. 345, 351 – **p. 117:** *Jean Santeuil*, p. 572 – **p. 118:** *Jean Santeuil*, p. 286 – **p. 122:** *À l'ombre des jeunes filles en fleurs*, p. 458 – **p. 126:** *À l'ombre des jeunes filles en fleurs*, p. 466 – **p. 135:** *Jean Santeuil*, p. 458 – **p. 139:** *Contre Sainte-Beuve: Chardin et Rembrandt*, p. 374 – **p. 141:** *Du côté de chez Swann*, p. 121 – **p. 147:** *Sodome et Gomorrhe*, p. 901 – **p. 149:** *Jean Santeuil*, p. 353 – **p. 154:** *À l'ombre des jeunes filles en fleurs*, p. 904 – **p. 155:** *Le côté de Guermantes*, p. 118 – **p. 161:** *Contre Sainte-Beuve: Chardin et Rembrandt*, p. 660 – **p. 165:** *Contre Sainte-Beuve: Chardin et Rembrandt*, p. 374 – **p. 176:** *Jean Santeuil*, p. 345 – **p. 178:** *Jean Santeuil*, p. 349 – **p. 183:** *Du côté de chez Swann*, p. 221-222 – **p. 189:** *Contre Sainte-Beuve: Journées de lecture*, p. 161.

AGRADECIMENTOS: A realização das fotos deste livro não teria sido possível sem a colaboração de várias pessoas. Quero manifestar minha gratidão a todos que me confiaram objetos preciosos e me ajudaram a criar as atmosferas deste livro: Daphne de Saint Sauveur, Alexandra de Caraman-Chimay, Jean-Louis de Maigret, Marc de Ferrière, Conservador do Museu Christofle, Jacques Bontillot, Conservador do Museu de Montereau, Jean de Rohan Chabot, Olivier Gaube du Gers, Madame Arnaud, M., Mme e Mlle Bouniol de Gineste, M. e Mme de La Conte, Anne Gayet, Annick Clavier, Armand Ventilo, Au Bon Usage, Au Passé Retrouvé, Au Puceron Chineur, Aux Fils du Temps, Beauté Divine, Bleu Passé, Boutiques Descamps, Cassegrain, Christian Benais, Christian Dior, Claudine Peltot, Constance Maupin, Cristal d'Arques, Cristallerie de Bacarat, Cristallerie de St-Louis, Diners en Ville, Éric Dubois/Art domestique ancien, faïencerie de Gien, Fanette, Fauchon, Foncegrive, galeria Didier Ludot, galeria Dominique Paramythiotis, galeria G. Bernard, galeria Loft, Josy Broutin, Argenterie des Francs-Bourgeois, Boutique Georges Pesle, Boutique Magnolia, Châtelaine, Galerie Pittoresque no Louvre des Antiquaires, Maison opéra, Tuille à Loup, Vaissele, Cochelin no Louvre des Antiquaires, Les Deux Orphelines, os estabelecimentos Morand, os tecidos Lelièvre, Liliane François, Madame est servie, Marie-José Bauemer, Madeleine Gely, Muriel Grateau, ourivesaria Christofle e o Museu Christofle, ourivesaria Odiot, ourivesaria Puiforcat, Point à la ligne, porcelana Bemardaud, porcelana Haviland & Parlon, porcelana Raynaud, Primrose Bordier para o Jacquard francês, Siècle, Un Jardin en plus, Une Maison à Paris.

E em particular a: Pierre Ermé, chef *pâtissier* do Fauchon que, com entusiasmo e habilidade, produziu todas as maravilhosas *pâtisseries*; Marianne Robic e Monsieur François, por suas magníficas composições florais; Hubert Avilès e a equipe da cozinha do Pullman Grand-Hôtel de Cabourg, por sua colaboração na realização dos pratos do capítulo "O mar"; Jean-Jacques Aubert e Anne-Françoise Pelissier, que, com generosidade, energia e eficiência inigualáveis, me assistiram durante este trabalho. Sou profundamente grata a todos.

Nanou Billault

As Éditions du Chêne agradecem ao Laboratoire Nouveau Gorne por sua colaboração na revelação dos filmes.